[redacted]

Urs Brehm

Gestörter Hund... Was nun?

Feldenkraismethode auch für Tiere

Mit einem Kapitel über Blindenführhunde

KYNOS VERLAG

Der Autor

Urs Brehm, geboren 1950, Feldenkraislehrer seit 1989, Studium der Psychotherapie, Dipl. Physiotherapeut. Arbeit mit Pferden und Hunden seit 1987.
Arbeitsschwerpunkte:

- Feldenkraismethode bei Mensch und Tier
- Kommunikationsverhalten zwischen Menschen und Tieren
- Nonverbale Kommunikation
- Umsetzung geistiger Wege in den nonverbalen Bereich
- Arbeit mit Blinden und ihren Führhunden seit 1993

Am Remelsbach 30 - D-54570 Mürlenbach/Eifel
Telefon 06594-653 Telefax 06594 - 452

Gestaltung: Herbert Wolter
Gesamtherstellung: Dr. Cantz'sche Druckerei, 73760 Ostfildern

ISBN 3-929545-75-6

Inhaltsverzeichnis

Für

Maya,
Christian und
Stephanie.

Geleitwort eines Führhundhalters

Seit 25 Jahren mache ich all meine Ausgänge mit meinem Blindenführhund. Teddy, ein aufgeweckter Airedale-Terrier, ist nun bereits der dritte in der Reihe, da leider Hunde ein viel kürzeres Leben haben als wir Menschen. Er führte mich von Anfang an weite Strecken mit erstaunlicher Sicherheit und beherrschte die etwas über dreißig Hörzeichen perfekt. Er hatte jedoch Tendenz zu Durchfall, was man zuerst mit dem Umgebungswechsel in Zusammenhang bringen wollte. Ich merkte jedoch schon bald, daß Teddy auf verschiedene optische Reize wie flatternde Sonnenmarkisen, Schirme, Fahnen, auffällige Plakate, die auf dem Trottoir standen, Rollbrettfahrer, etc., mit großer Angst reagierte. Oft konnte ich ihn kaum beruhigen, und er strebte in einer völlig verkrampften Haltung eilends mit mir nach Hause. Wie es mit Teddy dann weiterging, steht im vorliegenden Buch. Einige Feldenkrais-Sitzungen (Funktionale Integration), in welchen die im Körper bereits fixierten Angstmuster behoben werden konnten, schwächten zusehends Teddys Angstreaktionen ab. Auch die sehr kompetenten Ratschläge von Teddys Ausbilder, Michel Babelay, waren mir und Teddy eine große Hilfe. Die wiederholten Durchfälle verschwanden. Nur noch selten macht sich bei Teddy in entsprechenden Situationen eine leichte Ängstlichkeit bemerkbar. Aber schon nach wenigen Metern geht die Rute wieder in die Höhe, was anzeigt, daß der Hund seine Selbstsicherheit wiedergewonnen hat.

Als ich vor einigen Jahren die Ausbildung zum Feldenkrais-Lehrer absolvierte, wurde uns gesagt, daß diese in verschiedener Hinsicht geniale Bewegungs-/ Lernmethode von Moshé Feldenkrais nicht nur bei Menschen, sondern auch bei Tieren mit erstaunlicher Wirksamkeit angewendet werden kann. Wir hatten jedoch keine Übungsgelegenheiten mit Tieren. Ich freute mich deshalb sehr, als ich Urs Brehm kennenlernte, welcher schon seit vielen Jahren mit Menschen, Pferden und Hunden arbeitet. Wir organisierten in der Folge mehrmals jährlich Feldenkrais-Kurstage für Blinde mit ihren Führhunden. Wir erfuhren beim praktischen Üben, wie bei Mensch und Hund Bewegungen und Verhaltensmuster ganzheitlich zusammenhängen. Durch die Sensibilisierung der Wahrnehmung von uns selbst wurde es uns möglich, unseren Hund und dessen Verhalten sehr viel besser und differenzierter zu spüren. Urs Brehm zeichnet sich durch eine hervorragende Beobachtungsgabe aus, und er versteht es meisterhaft, die von ihm gemachten Beobachtungen in einen Zusammenhang zu bringen.

Unsere Hände hatten wir sanft auf den Hund gelegt. Urs berührte sie so feinfühlig, daß wir den Zustand und die Verhaltensmuster unserer Hunde deutlich erkennen konnten. Gleichzeitig vermittelten wir dieses neu gewonnene Bild und unsere neuen Erkenntnisse unseren Hunden.

Die Feldenkraismethode lehrt uns nämlich, daß allein schon die Wahrnehmung eines Verhaltensmusters, beispielsweise einer Verspannung, Voraussetzung zur Verbesserung des Zustandes oder der Funktion ist.

In diesen Kursen hat mich beeindruckt, wie liebevoll und doch mit großem Respekt Urs Brehm mit den Hunden umgeht. Er beachtet in jedem Moment der Behandlung das Wohlbefinden des Hundes. Er beschreibt in diesem Buch, wie entscheidend wichtig der angemessene Umgang mit Nähe und Distanz zum Tier ist und daß wir uns, trotz Tierliebe, dem Hund nicht ständig mit Streicheln und Liebkosen aufdrängen dürfen. Berühren wir Tiere, ist es sehr wichtig, wie und weshalb wir dies tun - die Qualität der Berührung. Wenn man täglich mit einem Hund zusammenlebt und -arbeitet, wie wir Führhundehalterinnen und -halter dies tun, können wir selber leicht feststellen, daß sich unsere seelische und körperliche Verfassung auf den Hund überträgt. Umgekehrt braucht es nicht viel, daß wir nervös werden, wenn der Hund, z.B. durch Angst, ein gestörtes Verhalten zeigt. So entsteht leicht eine fatale gegenseitige Wechselwirkung, wie sie auch bei Eltern und ihren Kindern, Lehrern und ihren Schülern, Chefs und ihren Angestellten längst bekannt ist. Durch das bewußte Sichbeobachten und -erfühlen können wir solche fatalen Wechselwirkungen viel eher vermeiden. In den Brehm-Kursen lernten wir, bevor wir unseren Hund anfaßten, genau darauf zu achten, daß wir uns in einer bequemen Haltung und in einer ruhigen inneren Verfassung befinden. Es war interessant dabei festzustellen, daß sich diese Ruhe und Gelassenheit auf unsere Hunde übertrug.

Die Feldenkraisarbeit, wie sie Urs Brehm in diesem Buch beschreibt und in seinen Kursen lehrt, ist wegweisend für alle Menschen, die sich intensiv mit Tieren befassen. Wir Blinde und Sehbehinderte können mit dieser Methode die Kommunikation und das Zusammenspiel mit unserem Führhund wesentlich verbessern und erleichtern. Auch bin ich überzeugt davon, daß der Einbezug und die Anwendung der Feldenkraismethode bei der Ausbildung von Blindenführhunden neue, wertvolle Möglichkeiten eröffnen wird. Die Wirksamkeit der Methode kann einerseits damit begründet werden, daß sie auf exakter Beobachtung und Empirie beruht und sich anderseits auf wissenschaftlich fundierte, neurophysiologische Fakten stützt.

Ich hoffe, daß dieses Buch, welches für Laien und Fachleute gleichermaßen interessant ist, eine große Leserschaft findet. Auch kann ich die Kurse von Urs Brehm, wie ich sie in diesem Geleitwort kurz beschrieben habe, wärmstens empfehlen. Als Führhundehalter möchte ich es nicht versäumen, an dieser Stelle Urs Brehm für sein großes Interesse an uns Sehbehinderten und unseren Blindenführhunden herzlich zu danken.

Ruedi Bützberger, Zürich, Dezember 1997

Dank

Dieses Buch wäre ohne die Mitarbeit und Hilfe vieler Hundeliebhaber und Helfer in der heutigen Form nicht zustande gekommen. Allen Beteiligten spreche ich meinen herzlichen Dank aus.

Mein besonderer Dank geht an:
Christian, Peter und Maya Brehm
Madlaina Murk
Ruedi Bützberger
Erika Landert
und alle ungenannten Helfer

Für die Fotos danke ich:
M. & L.C.Wolgensinger
U. Manz
M. Murk
N. Brenn
Der Schule für Blindenführhunde in Allschwil, C. Rüedi.

Vorwort

Haben Sie sich schon einmal gefragt, was Ihr Haustier wirklich braucht? Was ist in ihm und wie können Sie sein Wohlbefinden, seine Umgangsformen und seine persönlichen Möglichkeiten fördern und verbessern? Gibt es Wege, Probleme, die sich während der Lebensdauer eines Hundes stellen, auf einfachere, gewaltfreie und förderliche Art anzugehen? Ist Ihnen schon aufgefallen, daß die Gesundheitspflege, die Psychohygiene und das gesunde Umfeld für Tiere genau so wichtig sind wie für Menschen? Die meisten Haustiere sind in gewisser Weise von ihren Menschen abhängig. So wird ihnen das Futter gereicht, das Fell wird gebürstet, sie werden zum Tierarzt gebracht und spazieren geführt. Diese Abhängigkeiten sind unumgänglich. Dafür übernimmt ein Hundehalter einen beträchtlichen Teil an Verantwortung für all das, was dem Tier zukommen soll und wie dies dann getan wird - er entscheidet.

Betrachten Sie Ihren Hund von außen und überlegen Sie, was am Äußeren an Pflege notwendig ist. Sie sehen das Fell, das gebürstet und manchmal vom Schlamm befreit werden muß. Ohren, Zähne und Pfoten werden öfter kontrolliert. Verklebte Augen werden ausgewaschen. Im Winter werden die rissigen Pfoten untersucht und gepflegt. Das nenne ich die äußere Pflege. Sie haben Recht, wenn Sie sagen, daß all dies selbstverständlich ist. Die äußere Pflege kann auch ohne weiteres genügen. Trotzdem gibt es oft Probleme, die mit nichtmedizinischen Maßnahmen und der äußeren Pflege nicht gelöst werden können. Die meisten meiner Klienten waren schon beim Tierarzt. Sie kamen mit einer Diagnose nach Hause wie Arthrose oder Krebs und konnten damit nicht viel anfangen. Sie strahlten gewöhnlich Hoffnungslosigkeit und Ohnmacht aus. Gerade dies kann Ihr Hund bei Schwierigkeiten nicht brauchen.

Der große Bereich aller Möglichkeiten, die außerhalb der äußeren Pflege Ihrer Schützlinge und jenseits der medizinischen Maßnahmen liegen ist vielen Tierbesitzern unbekannt. Davon handelt dieses Buch. Sie brauchen kein medizinisches Wissen, um die beschriebenen Behandlungen und die innere Pflege von Hunden zu erlernen und zu verstehen.

Sie werden lernen, während Sie es tun. Ich empfehle Ihnen, die kleinen Übungen unmittelbar nach dem Lesen zu machen. So werden Sie schnell begreifen. Nur mit den Händen kann begriffen werden. Das erste kleine Experiment beginnt jetzt. Auch die weiteren sind mit einem

E

bezeichnet. So wissen Sie stets, wann Sie arbeiten können.

Nun gehen wir in die Tiefe. Wir wollen Freundschaft mit dem Inneren Ihres Hundes schließen. Bitte machen Sie mit mir einen kleinen Versuch:

E *Legen Sie nun eine Ihrer Hände leicht, ruhig und sanft auf den Rumpf Ihres Tieres. Was fühlen Sie?*

Wenn ich diese Frage in meinen Kursen stelle, erhalte ich meistens die Antwort: "Haare, Haut, Fell, Knochen, Wärme...".Wir sind es gewohnt, dies als erstes wahrzunehmen. Ich frage dann: "Lebt das Tier?" Entsetzt ruft jemand: "Ja, es atmet." Bitte legen Sie nun Ihre Hand an die Pfote. Was fühlen Sie nun? Sie fühlen dort keine Atmung, aber trotzdem werden Sie sicher sein, daß Ihr Hund lebt. Irgend etwas hat Ihnen die Gewißheit vermittelt, daß Leben vorhanden ist. Was ist es, dieses Leben? Wie fühlen wir's? Was sagt es uns? Damit werden wir uns in diesem Buch eingehend beschäftigen.

Wer mir nicht glaubt, daß wir Leben fühlen können, soll sich vorstellen, daß er ein soeben verstorbenes Tier anfaßt. Es ist noch warm, hat Fell, Knochen und Krallen - aber wir fühlen es anders - bedeutend anders. Dies ist der Unterschied, ob das Tier lebt oder nicht.

Wenn wir uns mit diesem Inneren des Hundes befassen wollen, begeben wir uns in eine tiefe, neue und lohnende Sphäre eines Wesens, das einmalig in Erscheinung tritt und sich uns mehr und mehr offenbaren wird. In dieser Tiefe zu arbeiten bedeutet, daß wir uns mit den Eigenarten des Wesens befassen, also mit dem WESENTLICHEN.

Für Hunde, die besondere Aufgaben, zuverlässig zu erfüllen haben, ist die Pflege des Wesens, also des Inneren von größter Bedeutung. Diese besondere Aufgabe kann auch darin bestehen, dem Menschen ein guter Freund und Begleiter zu sein.

Erscheint es schwierig für Sie, sich mit dieser inneren Pflege zu befassen? Das wichtigste haben Sie nun schon getan. Sie haben angefangen, sich mit dem Leben zu befassen, und Sie haben es gefühlt. Am Ende dieses Buches, all unserer Übungen und Experimente werden Sie viel mehr Zugang zu Ihrem Hund finden und täglich erspüren und verstehen, was er wirklich braucht.

Vorwort

Damals vor fünfzehn Jahren, als ich anfing, mich mit der Feldenkraismethode zu befassen, wußte ich kaum meine Hände zu gebrauchen. Das Erspüren des Wesentlichen, dessen, was ein Lebewesen wirklich braucht, kam bald mit dem Experimentieren dazu. Ich lernte Stück um Stück jene Nützlichkeiten, die nicht nur den Tieren, sondern zuerst mir selbst zugute kamen und mir unvergeßlich bleiben. Es ist ein organisches Lernen - der ganze Organismus wird lernen gleichsam bei Mensch und Tier, gegenseitig, individuell, wirksam und stetig. Während wir die Tiere lehren, lernen wir selber viel von den Tieren zu verstehen, aber wir lernen auch uns selbst besser zu begreifen

Das Verstehen und das Erlernen all der inneren Prozesse ist wohl das Interessanteste, das es auf der Welt gibt. Es gibt für mich nichts spannenderes, als mich mit diesen Selbstverständlichkeiten zu befassen und davon zu lernen. Die Feldenkraismethode gibt uns die nötigen Instrumente dazu. Oft ist es ein Lernen über die Hände oder über die Vorstellung. Die Aufgabe besteht darin, beides zu verbinden.

Was alles zur inneren Pflege gehört und wie Sie diese anwenden können, werden wir in diesem Buch schrittweise erarbeiten. Sie brauchen nur Ihren Hund dazu, Ihre Sinne und die Hände. Die Übungen werden ganz einfach aufgebaut.

Wenn Sie das Gefühl haben, daß einige theoretische Erläuterungen zu schwierig oder zu lang für Sie sind, lassen Sie sich nicht entmutigen und fahren Sie mit den Übungen - ich nenne sie Experimente - einfach fort. Alles andere werden Sie später verstehen.

Die sanfte Behandlung von Hunden hat eine lange Geschichte mit vielen Fehlschlägen und Irrwegen - aber auch mit großartigen Erfolgen und hoffnungsvollen Erkenntnissen. Diese Methode wurde nach und nach besser entwickelt und wird heute äußerst wirkungsvoll angewandt. In der Einführung werden Sie am Fall Edi mit der Entstehungsgeschichte und den Grundzügen vertrauter.

Hunde unterscheiden sich äußerlich betrachtet nach ihrer Rasse...
...besonders aber nach ihrem Wesen.

Teil I Einführung in die sanfte Behandlung von Hunden

1

Entdeckung und Entstehung der sanften Behandlung von Hunden

Seit meiner frühesten Jugend erinnere ich mich an den regen Kontakt mit allerlei Haustieren in meinem Elternhaus. Ich hatte stets diese Tiere zu betreuen und zu erziehen. Oft versuchte ich, an meinen schulfreien Tagen mit viel Geduld den Hunden Gehorsam beizubringen. Dabei versuchte ich es mit Reden und Streicheln, mit kleinen Häppchen und pausenlosen Wiederholungen der gleichen Übungen und Versuche. Manchmal war ich verzweifelt und entmutigt. Die Erwachsenen um mich herum gaben mir gute Ratschläge, wie man mit Hunden umgeht. Ich solle zackig an der Leine ziehen, Würgehalsbänder nehmen, mit einer Zeitung auf die Schnauze hauen oder den Hund auf den Boden reißen. Dies waren die gängigen Methoden.

Die Erfolge waren eher gering, zweifelhaft und von kurzer Dauer. Ich war hin- und hergerissen zwischen meinen eigenen, sanften Vorgehensweisen und den harten Maßnahmen der Älteren. Die Hunde haben mit Sicherheit diesen Zwiespalt gefühlt und waren deshalb verwirrt.

Als ich kaum fünfjährig war, verbrachte ich die meiste Zeit auf dem Bauernhof der Nachbarn. Dies sollte die glücklichste Zeit und der beste, lehrreichste Ort meiner Jugend werden. Paul, der ruhige und gütige Knecht führte die meiste Zeit den Hof alleine. Er hatte eine überaus sanfte und rührende Art, mit allerlei Tieren umzugehen. Seine Ruhe, Besonnenheit und die große Gelassenheit tat nicht nur den Tieren, sondern auch allen Menschen auf diesem Hof gut. Er war nicht sentimental, hatte einen ehrwürdigen, natürlichen Respekt vor allen Lebewesen und behandelte sie mit großer Liebe. Viele Szenen aus seinem persönlichen Umgang mit Tieren sind heute in meiner Erinnerung wach, wie damals vor vierzig Jahren. Sie helfen mir immer noch.

Paul kam mit seinen Pferden oft in der Dämmerung vom Feld zurück. Er pflegte sie im fast dunklen Stall, untersuchte sie nach Schäden, tastete sanft ihre verschwitzten Beine und Körper ab, trocknete sie, wusch Wunden aus und stützte sie in eigenartigen Ritualen an Bauch und Kopf.

Wie wichtig und wirkungsvoll diese, von Paul selbstentwickelte Zeremonie ist, weiß ich erst seit einigen Jahren. Ich verwende sie heute immer öfter bei Hunden und Pferden. Ich werde in diesem Buch einige Male darauf hinweisen, was beim Unterstützen der Körperteile getan wird, und wie jeder Leser selber damit seinen Tieren helfen kann.

Nach diesen zarten Zuwendungen gab sich dieser müde Mann noch mit vielen anderen Tieren auf dem Hof ab. Der Hofhund, ein stattlicher Sennenhund, verdiente seine besondere Aufmerksamkeit. Er schien sich sehr um seine Ohren und den Kiefer zu kümmern.

Manchmal fragte ich Paul, was er da mache. Er sagte nie viel dazu. Er war etwas wortkarg und zurückgezogen. "Man muß gut sein zu den Tieren. Das verdienen sie. Ich weiß einfach, was ich zu tun habe. Ihr Wesen muß auch gepflegt werden", waren etwa seine Antworten. Er machte dann stumm und leicht verlegen weiter. Moderne Menschen würden heute sagen: "Er hat halt mit den Tieren optimal kommuniziert." Ich glaube, er hat es wirklich verstanden, mit jedem Lebewesen stumme Dialoge während seiner innigen Präsenz zu führen. Ich fühle dies heute noch. Wie wichtig dies ist und wie Sie dies auch tun können, beschreibe ich im nachfolgenden Text.

Mein Leben verlief dann jahrelang in den üblichen Bahnen. Über große Zeiträume schien ich vergessen zu haben, daß ich meine berufliche Tätigkeit den Lebewesen widmen wollte. Ich wurde Techniker und befaßte mich meist nebenbei mit den elektrischen Funktionsweisen des Nervensystems.

Meine umfangreichen Studien der verschiedensten Therapierichtungen befähigten mich, Menschen - mit einigem Erfolg - zu behandeln. Doch bald darauf brachte mir ein Mann aus dem Nachbardorf einen älteren, hinkenden Hund mit der Frage, ob ich bei ihm auch etwas machen könne. Edi war ein mittelgroßer Schäferhund, der keine Berührung zulassen wollte. Seine Augen strahlten etwas gutmütiges aus. Er sollte bald eingeschläfert werden.

Der Mann zog Edi einen Maulkorb über. Damit ich nicht zu arg verletzt werde, sagte er. Was wollte ich nun tun? Ich ahnte, daß dieser Hund heftige Schmerzen hatte. Jeden Berührungsversuch beantwortete er mit bedrohlichem Knurren und Schnappen. Mit der Absicht, seine Schmerzen zu finden und dort anzufassen, ging ich ans Werk. Meine Lage wurde dabei immer ungemütlicher. Edi versuchte erst mich zu attackieren, dann wollte er fliehen. Immerhin gelang es mir nach einigen Versuchen, seine Pfoten zu berühren, um den Ballen ein wenig zu massieren und zu bewegen. Etwas mißmutig ließ er dies geschehen. Er knurrte von Zeit zu Zeit leise, aber immer seltener.

Bei der Arbeit an der dritten Pfote geschah das Wunderbare; Edi legte seinen Kopf nahe bei meinem Bein nieder und schloß seine Augen zur Hälfte. Ich wurde spürbar ruhiger und meine Hände fingen an, weicher, sanfter und einfacher Edis Pfoten zu bewegen. Je mehr ich mich seinem Rumpf näherte, um so ängstlicher schien Edi zu werden. Er zog die Mundwinkel schräg nach hinten und legte die Ohren zurück. Diese

Grenze respektierte ich. Zum Schluß konnte ich seine Rutenwirbel fein drehen. Dies schien er besonders zu genießen. Ich hatte über eine Stunde gearbeitet und wenig Hoffnung, Edi geholfen zu haben. In den meisten Therapien wurde damals gelehrt, daß dort, wo der Schmerz sei, auch gearbeitet werden müsse. Da ich damals auch glaubte, dies tun zu müssen, wagte ich nicht, an einen Erfolg dieser Behandlung zu glauben. Hinkend gingen Herr und Hund zurück zum Auto.

Ich war sehr überrascht, als mich dieser Hundebesitzer zwei Tage später um einen weiteren Termin mit den Worten: "Er hinkt zwar immer noch, aber man kann ihn wieder anfassen" bat. Erfolge und Mißerfolge wechselten sich in der nächsten Behandlungszeit ab. Ich lernte viel von Edi. Seinen Maulkorb trug er nur noch während der zweiten Stunde. Das Stützen des Brustkorbs, so wie es der Knecht in meiner Jugenderinnerung immer wieder tat, schien auch diesem Tier besonders zu helfen. Sein Hinken verlor er nie ganz, doch es wurde ein zufriedener Hund, der wieder zu seiner alten Gutmütigkeit zurückfand. Er machte stundenlange Waldspaziergänge und half beim Pilzesammeln. Viele Jahre später verlor ich Edi aus den Augen. Nun hatte ich wieder zu den Tieren zurückgefunden. Mein persönliches Schicksal wollte es, daß ich durch unzählige Unfälle schon in jungen Jahren meine Gehfähigkeit stark einbüßte. Nach einem weiteren Unfall wurde dann meine Lage so bedenklich, daß ich mit heftigen Schmerzen und Lähmungserscheinungen auf fremde Hilfe angewiesen war. Mit allerlei Methoden versuchte ich, mich wieder fit zu machen. Doch meine Schwierigkeiten waren nach jedem Versuch größer. Die Erkenntnis, daß ich mir mit all meinen therapeutischen und medizinischen Kenntnissen selbst nicht helfen konnte, schockierte mich. Man sagte mir oft, daß ich mich mit diesen Gegebenheiten von nun an abzufinden habe und mir niemand helfen könne.

Wenn wir gut zu Tieren sind, geht es uns auch gut.

In minutiöser Kleinarbeit suchte ich Wege aus dieser Krise. Ich beobachtete, daß weder Schmerzen noch Lähmungen immer konstant waren. Es gab auch leichtere Momente - Lichtblicke, in denen die Leiden erträglicher waren. Diese gaben mir Hoffnung und die Energie weiterzuforschen. Ich dachte mir: "Wenn ich Zustände der Erleichterung erleben kann, sollte es doch möglich sein, wenigstens über immer größere Zeiträume beschwerdenfreier zu leben." Ich versuchte in allerlei Büchern Hinweise und Tips zu finden. Dabei stieß ich auf die Bücher von Moshé Feldenkrais und begann mit den darin beschriebenen Aussagen zu experimentieren. Ich war von Anfang an von seiner Genialität begeistert. Die Übungen - Feldenkrais verwandte dafür den Ausdruck 'Experimente' - halfen mir weiter. Ich wußte aber kaum, warum diese einfachen Bewegungsabläufe und Denkvorgänge Erleichterung verschafften. Dies war 1982. Inzwischen weiß ich mehr darüber, wie die Feldenkrais-Methode wirkt und wie sie für Tiere genutzt werden kann. Zuerst mußte ich aber lernen, mir selbst zu helfen. Dies war auch für Feldenkrais die Voraussetzung, daß jemand anderen helfen kann.

Ich hatte das Glück, mehrere Assistentinnen und Assistenten von Feldenkrais kennenzulernen, um von ihnen jahrelang zu lernen. Mit Gaby Yaron, Myriam Pfeffer und Yochanan Rywerant hegte ich enge Kontakte. Dafür, daß sie mich in geduldiger Arbeit ausbildeten, bin ich ihnen für immer dankbar. Ich konnte bald wieder gehen, laufen, tanzen, skilaufen und schwere Arbeiten verrichten.

Anfangs war es nicht einfach, Feldenkrais' Erkenntnisse für Tiere nutzbar zu machen. Ich hatte also Möglichkeiten zu finden, wie die Feldenkrais-Methode für Hunde umgesetzt werden kann.

Nach all den Experimenten in den vergangenen zwei Jahrzehnten ist es nun soweit, daß ich meine Erfahrungen einem breiteren Publikum auf einfache Weise zugänglich machen kann. Ich gab viele Kurse für Hundebesitzer und hatte dabei einen Weg zu finden, wie ich die sanfte Behandlung von Hunden auch Laien vermitteln kann. Das Einfachste war stets das Wirkungsvollste.

Damit Sie mit Ihrem Hund sofort zu arbeiten beginnen können, fange ich in diesem Buch mit den einfachen, praktischen Arbeiten und den ersten, sichersten Zugängen an. Die Beispiele aus der Praxis werden in Ihnen eigene Ideen wecken und die Anwendungsmöglichkeiten verdeutlichen. Um Ihnen das Lesen von langwierigen Theoriekapiteln zu ersparen, flechte ich die wichtigsten Erkenntnisse der Feldenkrais-Methode, der Tierphysiologie und der Anatomie mit einfachen Worten in die Fallbeispiele ein. Da wir uns mit der Feldenkrais-Methode befassen, kann es nützlich sein, etwas über Moshé Feldenkrais und seine Erkenntnisse zu wissen. Seine Entdeckungen kommen allen Lebewesen zugute, obwohl die Literatur vor allem für Menschen geschrieben wurde.

2

Wer war Moshé Feldenkrais? Was sind seine Entdeckungen?

Moshé Feldenkrais wurde 1904 in Rußland geboren. Bevor er in Paris Physik studierte, verbrachte er sein junges Leben in Rußland und im damaligen Palästina. Kaum hatte er zusammen mit Joliot-Curie in Paris erfolgreiche Forschungsprojekte auf dem Gebiet der Kernphysik abgeschlossen, begab er sich während des zweiten Weltkrieges nach England und arbeitete dort für die britische Admiralität.

Verletzungen, die sich Feldenkrais im Laufe der Jahre zugezogen hatte, machten ihm immer mehr zu schaffen. Da ihm in seiner Situation niemand entscheidend weiterhelfen konnte, fing er selbst an, die Vorgänge im Nervensystem zu studieren, zu entdecken und für sich nutzbar zu machen. Das Wesentliche seiner Arbeit war das Konkretisieren allen vorhandenen Wissens. Schon damals waren die wirklich großen Entdeckungen im Bereich des Nervensystems publik. Aber diese fanden kaum Anwendung bei Mensch und Tier. Feldenkrais hat die Lücke zwischen dem abstrakten Papierwissen und den konkreten Anwendungen geschlossen.

Wieso befassen wir uns mit dem Nervensystem? Ganz einfach gesagt hängt nichts anderes so direkt mit Körper, Psyche, Geistigem, allen Funktionen, Ausdrucksweisen, Gefühlen, Bewegungen und Eindrücken zusammen, wie das Nervensystem. Schon kleine Änderungen in diesem Steuersystem haben Auswirkungen auf die Funktionsweise des Lebewesens.

Moshé Feldenkrais in Aktion

Photo: Michael Wolgensinger

Wer war Moshé Feldenkrais?

E *Ich biete Ihnen ein kleines Experiment an: Können Sie rechnen? Ziehen Sie zuerst leicht an einem Ihrer Nackenhaare. Fühlen Sie den Zug deutlich?*

Ziehen Sie weiter sanft und kneifen Sie sich gleichzeitig mit der anderen Hand in die Ferse. Ist nun Ihr Zug am Haar stärker geworden? Fühlen Sie den Zug immer noch gleich? Können Sie nun, während Sie weiterkneifen und am Haar zerren, Ihren Jahrgang mit Ihrem Alter zusammenzählen? Geht dies gleich leicht wie immer? Bei den meisten Versuchspersonen wird das Rechnen unter diesen Umständen schwieriger, fehlerhafter, langsamer und stockender.

Dieses Experiment zeigt, daß Gefühle, die das Nervensystem beeinflussen, mehrere Funktionen verändern. Die eine Hand wird ihren Zug leicht ändern, wenn die andere etwas Bestimmtes tut. Die Rechenfunktion wird schwerfälliger.

Wiederholen Sie diesen Versuch. Während Sie die einzelnen Tätigkeiten genau wahrnehmen, wird schließlich weder das Kneifen, noch das Ziehen oder das Rechnen bedeutend gestört. Sie haben organisch gelernt - gelernt durch Aufmerksamkeit.

Diese Lernprozesse sind ein Inhalt der Feldenkrais-Methode. Wir vollziehen Sie täglich, ohne es zu wissen. Es lohnt sich aber, diese bewußt zu erleben.

Beim Behandeln von Hunden nutze ich diese kleinen Beeinflussungen des Nervensystems. Dazu habe ich ein Beispiel:

Ralf, einen großen Schäferhund, konnte ich nicht an den Vorderpfoten berühren. Ich wollte aber wissen, was dort vorliegt. Ich zog ihn leicht an den Haaren über dem Kreuzbein. Nach kurzer Zeit war es ein Leichtes, alle seine Pfoten zu untersuchen.

Feldenkrais hat erkannt, daß das Nervensystem seine Funktionen aufgrund von Sinneseindrücken entwickelt und verändert. Unsere Aufgabe bei Tieren ist oft, durch bisher unbekannte Impulse im Nervensystem neue, ungebrauchte Verbindungen zu aktivieren. Ist in einer bestimmten Funktion eines Hundes eine Störung aufgetreten, können andere Bereiche des Nervensystems aktiv werden, um diese zu kompensieren.

Arbeiten also andere Teile des Nervensystems mehr, weniger und anders kombiniert, zeigt uns das Tier dies durch veränderte Muskelaktivität und anderes Verhalten. Unnötige Anspannungen verschwinden, aber was viel wichtiger ist: die dadurch frei gewordenen Energien zeigen sich in Form von Leistungsvermögen, Kraft und Ausdauer. Selbst alle weiteren Fähigkeiten wie die Aufnahmefähigkeit, das Verarbeitungsvermögen, die Gelassenheit und die Angstfreiheit werden besser eingesetzt.

Oberflächlich betrachtet, sind den Wirbeltieren zwei Hauptaufgaben gestellt:

- Das Stützen ihrer selbst. Dies wird durch das Skelett erreicht.
- Das Fortbewegen, Ausdrücken, Kommunizieren, was durch Muskelarbeit ermöglicht wird.

Feldenkrais, ohne Zweifel eine der bemerkenswertesten und schillerndsten Persönlichkeiten dieses Jahrhunderts, erkannte, wie wichtig es ist, daß die beiden obigen Aufgaben exakt vom Skelett einerseits und der Muskulatur andererseits übernommen werden. Treten chronische Störungen am Skelett, den Muskeln, den inneren Organen oder der Psyche auf, hat dies meistens damit zu tun, daß beide Hauptaufgaben nicht scharf getrennt werden.

Feldenkrais' Verdienst war es, Behandlungsmöglichkeiten zu entwickeln, wodurch ein Lebewesen lernen wird, die Skelettfunktion von der Muskelaufgabe klarer zu trennen. Durch unsere gezielten Behandlungen werden wir dieses innere Wissen auch den Hunden mitteilen. Es sind wichtige Grundfähigkeiten. Ein ideal stützendes Skelett ermöglicht den Muskeln, frei verfügbar für allerlei Aktivitäten zu sein, auch fürs Atmen. Die Grundlage, daß Ihr Hund freier, besser atmen und angstfreier leben kann, ist ein sachgemäß gestütztes Skelett, in dem keine parasitären, unnützen Kräfte wirken.

Hat ein Hund gelernt, sich wieder auf seine Knochen zu verlassen - Ihnen zu vertrauen - wird sein Gang weicher und leichter, seine Aggressionen werden verschwinden, die inneren Funktionen ungestörter und sein Wesen wird an Lebendigkeit gewinnen.

Feldenkrais hat nebst vielem anderen erkannt, daß jedes Lebewesen in vielerlei Hinsicht lernfähig ist, daß jede Zelle ein Urwissen hat, daß Handlungsweisen erlernt und umgelernt werden können - das gibt Hoffnung. Wir beginnen dies zu nutzen und anzuwenden.

Erla, eine ältere Hündin, wurde wegen ihrer Gelenkprobleme zu mir gebracht. Oft mußte sie getragen werden. Ich bekam eine ganze Liste an Diagnosen: Rheuma, Depressionen, Asthma, Verdauungsstörungen, vielleicht Krebs. Die Hündin stand wie angewurzelt, zitternd in meinem Raum.

Ich arbeitete fast eine Stunde vorwiegend an Erlas Skelett. Ich hoffte, daß Sie es fühlen und benützen konnte. Sie stand auf, ging umher, schnüffelte auf dem Boden herum und setzte sich neben mich. Die Atmung war leichter. Während der kommenden Wochen arbeitete ich noch einige Male mit der Stütztechnik an Becken und Brustwirbeln.

Noch nach einem Jahr hatte ich Kontakt mit der Hundebesitzerin. Von all den Diagnosen war keine Rede mehr. Erla war ziemlich wählerisch im Futter geworden und trank viel. Die Ausgänge wurden kürzer aber dafür häufiger. Rückfälle gab es keine.

3

Wie lernt ein Hund?

Wie die meisten Tiere lernen auch sie aus Erfahrungen. Dabei spielen ihre Empfindungen, wie angenehm oder unangenehm diese sind, eine wesentliche Rolle. Jeder weiß, daß Hunde auf Tonfall, Artikulation, Strafe, Futter, Streicheln und Lob reagieren und aus diesen Erfahrungen lernen können. Allgemein können wir dieses Lernen als sensitives Lernen aus Erfahrungen bezeichnen. Fällt ein Fahrrad auf einen Hund, kann es sein, daß er künftig allen Fahrradbegegnungen ausweicht. Weniger bewußt ist meistens der Einfluß der Mimik und der Gestik bei Sichtkontakten. Bewegen wir den Kopf in der üblich raschen, flüchtigen Seitenbewegung in Richtung der Türe, welche der Hund als Signal zum Hinausgehen kennt, spielt es keine große Rolle, ob wir dazu noch etwas sagen, gleich, in welcher Sprache wir reden.

Umgekehrt kann ein Herr mit ungeschickten Kopf-, Hand- und Augenbewegungen seinen Hund sehr irritieren, so daß dieser schließlich ein ausgeprägtes Kommunikations-Fehlverhalten entwickelt. Doppelbotschaften sind Widersprüchlichkeiten. Sagt ein Mensch seinem Hund mit der Gestik etwas anderes als mit der Stimme, weiß der Hund oft nicht, was er nun befolgen soll und wird unsicher, ja gar verwirrt.

Lernen durch Bewegen und Berühren ist die dritte wichtige Form, den Hunden etwas beizubringen, mitzuteilen und zu zeigen. Diesen Lernzugang verwenden wir in der Feldenkraismethode. Wir werden später genauer auf diese Lernschritte eingehen. Was die Tiere dabei lernen, und wie wir vorgehen, sehen wir anhand der Fallbeispiele.

Gelegentlich sprechen wir beim Lernen von zwei unterschiedlichen Dingen. Einerseits wird Lernen im alltäglichen Sinn verwendet. Dies wäre zum Beispiel das Lernen, zu gehorchen oder wie dies Agility-Hunde tun, ein Hindernis zu überqueren. Mit diesem Lernen befassen sich die meisten Hundehalter. Darüber gibt es auch massenhaft Literatur. Darin werden die gängigen Lernwege verschiedenster Fähigkeiten beschrieben. Die Palette dieser Möglichkeiten und Kombinationen ist fast unendlich. Es braucht viel Feingefühl im entscheidenden Moment, das Beste zu wählen und den individuellen Gegebenheiten anzupassen.

Dazu müssen Sie Ihren Hund bestens kennen. Die Bedingung, daß er überhaupt lernen kann, was Sie lehren wollen, ist, daß keine Probleme bestehen, die Lernelemente behindern. Schmerzen, Ängste und Hyperaktivität können solche Lernbehinderungen sein. Aber auch das Verhalten des Lehrers muß stets überprüft werden.

Wir wollen uns tiefer mit den Bedingungen, Voraussetzungen und Grundlagen des Lernens, Weiterkommens und des erfolgversprechenden Behandelns befassen.

In diesem Buch verwende ich das Wort "Lernen" in einem grundlegenden Sinn. Ich beschreibe das innere, organische Lernen, das die Basisfähigkeiten des Hundes betrifft, die vorhanden sein müssen, bevor alles weitere von ihm abverlangt werden kann. Am nachfolgenden Beispiel sehen Sie, wie wichtig die Grundfähigkeiten sind.

"Gespräche ohne Worte", dafür mittels klarer Zeichen und Botschaften wird der Hund verstehen.

Rex, ein kleiner, junger Hund, sollte alles Mögliche lernen, Agility und Gehorsam waren die Ziele seiner Besitzer. Er schien kerngesund, machte aber einen ziemlich unruhigen und ängstlichen Eindruck auf mich. Ich untersuchte ihn und fand schmerzhafte Stellen zwischen Brustbein und Bauchdecke. Er war gebläht und roch stark. Seine Besitzerin hatte die gleichen Symptome. Dies vor allem während der Trainingsstunden im Hundeverein und bei Prüfungen. Ich arbeitete allein, nur mit Rex zusammen, im selben Raum. Zunächst lernte er seine Bauchdecke zu verlängern. Er war kastriert. Wozu weiß ich nicht. Ich habe schon massenhaft Hunde in den Händen gehabt, die nach derartigen Operationen über Jahre extrem verspannte Bauchdecken und Rippenbögen hatten. Hündinnen stärker und penetranter als Rüden. Meine Strategie war es, Rex zu zeigen, daß äußere Einflüsse nicht mit Überspannung gekoppelt werden müssen. Dazu verursachte ich zunehmend optische und akustische Störungen und versuchte gleichzeitig, die Spannungszustände mit Rex zusammen zu kontrollieren und gering zu halten. Rex lernte schnell und wurde zuverlässig. Er konnte auf dieser Basis aufbauen. Bei seiner Besitzerin dauerte es wesentlich länger.

Die Basisfähigkeiten sind:

- Selbstkontrolle des Nervensystems
- Angemessener zeitlicher und örtlicher Einsatz der Muskeltätigkeit
- Selbsterkenntnis als Voraussetzung zur Selbstsicherheit und Gelassenheit
- Hohe Schwelle für Fremdbeeinflussung - innere Stabilität
- Gute Verarbeitungsmöglichkeiten für Sinneseindrücke.

4

Wie können Sie Ihrem Hund helfen?

Wenn Tiere in freier Wildbahn leben, bedürfen Sie unserer Hilfe nicht. Sobald wir aber Tiere halten, züchten, in unsere Wohnungen nehmen oder ihnen besondere Aufgaben stellen, sind sie auf unsere Hilfe angewiesen und werden oft sogar davon abhängig. Sie bedürfen unserer Pflege. Die besonderen Lebensumstände machen dies unumgänglich.

Freilebende Tiere sterben oft an geringfügigen Verletzungen. Chronische Leiden sind dementsprechend selten. Psychische Probleme kommen nicht vor - wenigstens nicht so, wie bei Tieren, die mit Menschen eng zusammenleben. Vielerlei Schwierigkeiten entstehen bei Hunden und Katzen schon allein durch die Tatsache, daß sie vom Menschen gehalten werden und in Häusern leben, angefangen vom Saubersein bis hin zum Ankauen von Einrichtungsgegenständen. Es bedarf hier heute schon vieler Tierpsychotherapeuten, um diese Probleme anzugehen. Glücklicherweise haben heute schon mehr Tierhalter die Erkenntnis, daß Hunde, Katzen und Pferde nicht zu eng gehalten werden sollten. Doch sind die Probleme noch riesig.

Das Zusammensein mit Menschen ist besonders für Hunde auch eine freudige Sache. Das Umsorgen kann sehr weit gehen - oft zu weit. Tierhalter sollten die Grenzen der Behandlungs- und Betreuungsmöglichkeiten kennen und ihre Schützlinge vor Überbetreuung bewahren.

Die Gefahr einer übermäßigen Betreuung ist immer vorhanden, wenn:

- zu viele, einschneidende Maßnahmen und Eingriffe in ein Hundeleben gemacht werden. Je nach Tier können diese kaum verdaut werden.
- ein großes Lernpensum bewältigt werden muß und in zu kurzer Zeit durchgepaukt wird.
- Tiere den menschlichen Vorstellungen zu entsprechen haben, sei es in ihren Leistungen, Funktionen, Charakter oder im Aussehen.
- wenn Ziele und Motive nicht tiergerecht sind oder von Tieren nicht verarbeitet werden können.

All das, was wir unseren Hunden an Lehrstoff, Nahrung, Erwartungen, Aufforderungen, Zielen und Berührungen vorsetzen und an sie herantragen, müssen diese auch verarbeiten und verdauen können.

Das übermäßige Umsorgen hat aber noch andere Aspekte wie unnötige Operationen und Medikamente. Schon manchen Hund hatte ich nach vielen operativen Eingriffen und chronischer Medikamentengabe zu behandeln. Durch die vielen Verstümmelungen, die entstanden, wurde das Arbeiten komplizierter. Hunde können meistens schlecht mit solchen Schwierigkeiten umgehen und leiden still vor sich hin. Diese armen Geschöpfe können ja gar nie "Nein" sagen - selbst nicht zum größten Unfug, der ihnen widerfährt. Die Folgen haben aber alleine sie zu tragen. Das sollte Tierhaltern viel mehr bewußt werden. Gewalt, selbst wenn diese unter Narkose angewandt wurde, die ein Hund erfährt und erleidet, führt meistens zu Schutzhaltungen. Diese Schutzmuster drücken sich in Form von Muskelverkrampfungen aus, wirken parasitär, beeinträchtigen das Innnere und sind oft nach mehr als zehn Jahren noch zu erkennen. Jeder kann sich vorstellen, daß nach dieser Zeit Schäden an Knochen, Organen und im Nervensystem entstanden sind. Blockierungen, Verhaltensstörungen, Krankheiten, Disposition zu Verletzungen und Abwehrstörungen nehmen in der Folge dann bedeutend zu.

Echte Hilfe und Tierliebe beginnen dort, wo Schädigung vermieden werden kann. Wir müssen also zuerst lernen, keine Schäden anzurichten, und unsere eigenen schädigenden Verhaltensformen und Handlungen zu erkennen, bevor wir ans Helfen denken. Eine weitere Schwierigkeit bieten die unbegründeten Mode-Eingriffe und die irrtümlich angenommenen Funktionsweisen und Zusammenhänge.

Beispiel: Lotti's Fell und Fang rochen etwas, deshalb wurde ihr die Analdrüse entfernt. Die Annahme, daß der Geruch aufhöre, war der Grund für diesen Eingriff. Alles blieb aber beim alten. Während der Operation hat diese Hündin das Gehör verloren, Verdauungsstörungen plagten sie und sie begann zu nässen.

Oft sind es Annahmen, die zu solchen Fehlschlägen führen. In unserer Kultur werden Annahmen und Redensarten aber allzu oft für Tatsachen gehalten - zum großen Schaden aller Lebewesen.

Oft sind die Schädigungen subtiler und werden weniger erkannt, große Ängste, Manien, Distanzlosigkeit und Überforderung von Seiten der Hundehalter führen auf die Dauer zu Beeinträchtigungen. Selten werden hier die Zusammenhänge zwischen dem Verhalten der Menschen und den Problemen des Hundes erkannt. Nur wer darauf achtet, wird sie sehen.

Prinz wurde mit Krebs zu mir gebracht - kurz vor seinem Tod. Sein "Herrchen" verhielt sich sehr undistanziert. Keinen Augenblick konnte er Prinz in Ruhe lassen. Er zog dauernd an der Leine und wühlte selbstvergessen im Fell. Mein Arbeiten mit Prinz war ruhig und gelassen. Es war für mich und Prinz eine schöne Stunde. Herrchen wartete unterdessen im Kaffeehaus. Einige Wochen später verschied der Hund. Er war der dritte innerhalb weniger Jahre.

Hier wurde der Zusammenhang zwischen den Grundzügen des

menschlichen Verhaltens und des Krankseins der Hunde erst nach einigen Jahren deutlich.

Durch gutes Beobachten gelingt es uns, die wahren Bedürfnisse unserer Hunde besser kennenzulernen. Es gehört zu unserer Achtungshaltung gegenüber jeder Kreatur, selbst das Umfeld der Lebewesen zu akzeptieren und zu respektieren. Dringen wir immer wieder zu direkt und zu intim ins Umfeld eines Lebewesens ein und sind diesem zu nah, wachsen die Probleme beim einen oder beim anderen, manchmal auch bei beiden Wesen. Wir mögen es auch nicht, stets betatscht zu werden. Selbst Menschen fragen sich öfter im Verlauf ihres Lebens, welche Beziehungsform und wieviel Nähe sie zu wem und was haben können und sollen. Dies kann sehr variieren - ist also situativ. Was es genau ist, das einem Wesen erlaubt, enger mit einem anderen in Beziehung zu treten, wissen wir nie im Detail und können es nicht eingehend erläutern, denn Individuelles ist oft weder erschöpfend erklärbar, noch ist es verstehbar oder analysierbar. Ich behaupte sogar, daß Lebewesen weder erfaßbar noch analysierbar sind. Wir wollen aber in diesen Bedeutungen nicht umherspekulieren.

Es sollte uns bewußt sein, daß Hunde eher aufgrund ihres vorzüglichen Geruchsinns entscheiden, wen sie besser riechen und wem sie näherkommen können. Aussehen und Charakter spielen eine kleinere Rolle. Gleichzeitig vergessen wir oft die Bedeutung der Ausstrahlung in unsere Umgebung. Diese Ausstrahlung ist Abbild des inneren Lebens. Wir müssen uns mehr damit befassen, denn dies ist das Abbild unseres und des Hundes Kern. Behandlungen, die diesen Kern betreffen, sind deshalb besonders wirkungsvoll und zeigen ihre größte Wirkung in der Ausstrahlung.

Kurz gesagt: die Voraussetzung einer aktiven Hilfe, die wir den Hunden anbieten, ist die Klärung möglicher Fragen:

- Schadensvermeidung: Probleme, Störungen und Krankheit während des Lebensprozesses stehen im engen Zusammenhang mit fehlerhaftem Verhalten, unangemessenen Aktionen und unkoordinierter Nervenaktivität von Mensch und Hund. Dies führt zu chronischen Muskelverspannungen, die viel Energie verschwenden, welche die Wahrnehmungsfähigkeit des Hundes beeinträchtigen und zu Schmerzen und Fehlleistungen führen.
- Kenntnis des Wesens, des Individuellen eines Tieres und seiner Ausstrahlung. Eine mögliche Frage dazu ist: Was ist das Spezielle, das Einzigartige gerade meines Hundes? Welchen spontanen Eindruck hinterläßt er?
- Welches sind meine eigenen Motive? Diese muß ich kennen.

Zu meinen persönlichen Motiven und Beweggründen:

Ich kann mich weiter fragen, ob ich aufgrund mehrerer eigennütziger und egozentrischer Motive helfen will oder ob ich meine Hilfe - um der Hilfe Willen - anbiete.

Auf keinen Fall dürfen Motive, die bloß eigenen, menschlichen Bedürfnissen entsprechen und entspringen, im Vordergrund stehen. Oftmals sind die Ideen, wie etwas sein und werden soll, unrealistisch und entsprechen nicht der Situation, den Funktionen und Fähigkeiten des Hundes.

Gute Hilfe gibt einem Hund die Möglichkeit, seine Lebensaktivitäten in einer Art und Weise zu gestalten, daß er auf Schädigungen verzichten lernt. Er soll lernen, auf unnötige Muskelverspannungen und Handlungen zu verzichten und eine harmonische Arbeitsweise des Nervensystems zu erreichen. Dazu bedarf es der klaren Erkenntnis des inneren Zustandes des Tieres.

Es wäre einfach, Hunde in der Sprache der Menschen zu unterrichten. Aber dies ist nicht gerade erfolgversprechend, denn

- ein Hund versteht unsere Worte nicht nach deren Sinn und
- die typischen Regionen, die im Nervensystem für die Regulation zuständig sind, bleiben unserer Sprache unzugänglich.

Wenn wir zur Informationsübermittlung nicht unsere Sprache verwenden können, was denn sonst?

In unserer Kultur scheinen wir vergessen zu haben, daß weit über 80% aller Informationen, die wir zum Leben benötigen, nicht über die Sprache zu uns gelangen. Es sind alle anderen Zugänge und manchmal auch die Übersinne, die wir als Informationsquellen weit dominanter gebrauchen, als Worte, Sprache und Satzbedeutung.

Die meisten Wahrnehmungen erhalten wir über den taktil-kinästhetischen Sinn. Dieser Sinn ist der Körperspürsinn. Wir empfinden durch ihn die Haut, Bewegungen, Stellung von Körperteilen, die Lage unserer Gelenke, unsere Beziehung zum Raum und Daten über unsere Fortbewegung.

Weniger bekannt ist, daß kleine Schiefbelastungen der Gelenke und anderer empfindlicher Strukturen, über den taktil-kinesthetischen Sinn zu heftigen Muskelspannungen führen. Selbst die Idee der Schiefbelastung, Verdrehung und dysachsealen Verwendung führt zu diesen Verspannungen. Ferner beeinflußt der Tiefenspürsinn den größten Teil des Nervensystems, ist mit allem verbunden und gibt uns die Lebensgrundlage. Jede Handlung basiert auf dieser Grundlage. Ohne diesen Tast- und Körperspürsinn wären wir nicht in der Lage zu atmen, zu essen, zu gehen, zu denken oder zu sprechen - leben würde unmöglich.

Hier setzen wir also an. Wir teilen dem Hund während eines kinästhetischen Dialogs Zustandsformen, Wahrnehmungen über Leben, Aktivität, Stellung und Funktion mittels Berührung, Bewegung und Lageveränderung mit. Während unserer eigenen Wahrnehmung, durch unser Spüren, machen wir gleichzeitig Mitteilungen an den Hund, denn während wir fühlen, berühren wir und teilen wir mit. Der Hund nimmt diesen Kontakt in all seinen Qualitäten wahr. Indem wir unser Wahrgenommenes registrieren, wird der Hund gleichzeitig durch unsere Wahrnehmungen viel über seinen Zustand erfahren.

Mit der Zeit sind wir fähig, in einen immer klareren Dialog mit den Tieren zu treten. Dies ist wertvolle und gute Hilfe für den Hund und wurde bisher von nichts übertroffen. Es handelt sich um das eigentliche, organische Lernen - Lernen im engeren Sinn. Wir werden kein Heilen intendieren, sondern Heilen als Nebeneffekt des Lernens akzeptieren. Eher müssen wir uns die Bedingungen überlegen, welche gegeben sein müssen, damit die Selbstheilung Ihres Hundes ungehindert ermöglicht wird. Durch das Erarbeiten dieser Grundbedingungen ist das Bestmögliche, Notwendigste, aber auch das Schwierigste getan. Wir bieten also Hilfe zur Selbsthilfe an.

E *Machen wir ein kleines Experiment: schalten Sie alle störenden Einflüsse, wie Radio, Fernseher und Hausglocke aus. Setzen Sie sich, zwei bis drei Meter von Ihrem Hund entfernt, ruhig hin. Kommen Sie selber zur Ruhe und betrachten Sie ihn mit Muße. Nehmen Sie ihn wahr - als Ganzes. Sehen Sie seine Atmung, die Form, sein Wesen und die Regungen. Treten Sie in Gedanken in Kontakt mit Ihrem Hund. Bleiben Sie eine kurze oder längere Zeit in diesem Kontakt. Schweifen Sie mit Ihren Gedanken nicht ab. Bewahren Sie die Ruhe.*

Tun Sie dies jeden oder jeden zweiten Tag. Sie werden sehen, daß sich mit der Zeit das Verhältnis zu Ihrem Hund vertieft und gleichzeitig Ihr eigenes Wohlbefinden und das Ihres Tieres sich verbessert.

Diese Ruhe und Präsenz sind unumgängliche Voraussetzungen für gutes Behandeln. All dies kann erlernt und vertieft werden - lassen Sie sich Zeit.

Betrachten Sie öfter Ihren Hund ohne ihn zu beeinflussen.

5

Prävention, Diagnose und Behandlungen vereint

Durch das zuvor beschriebene Vorgehen fügen wir diese drei therapeutischen Handlungen zusammen. Beim Berühren des Hundes gewinnen wir Informationen über seine Funktionen und sein Leben. Dies ist der diagnostische Teil. Gleichzeitig behandeln wir in einer Weise, daß der Hund seine Muster erkennen wird und diese im Sinne einer Therapie auflösen kann. Dies ist wiederum gleichzeitig die beste Prävention im Hinblick auf sein kommendes Leben, weil Funktionsweisen, in Hinsicht auf die Zukunft, besser werden. Die ärztliche Diagnose wird dadurch jedoch nicht ersetzt.

Wir senden direkte, spezifische, klare Botschaften zu den verschiedenen Regelkreisen des Nervensystems. Dabei betrachten wir verschiedene Rückmeldungen:

- Der Hund teilt uns über unsere Hand mit, was er fühlt und was er davon hält. Dies tut er in Form von kleinen Veränderungen seiner Lage, in der Atmung, im Gesichtsausdruck und in der Aufmerksamkeit.
- Das Innere reorganisiert sich. Die Bauchaktivität verändert sich. Die Nieren funktionieren besser. Die Atmung beruhigt sich. Vieles andere mehr wird sich mit der Zeit regulieren. So mancher chronische Durchfall bei Hunden ist kurze Zeit nach dem präzisen Auflösen von delikaten Spannungsmustern verschwunden.
- Die Sinnesorgane arbeiten zweckmäßiger, da das Nervensystem nicht mehr unter Spannung steht. Dies ist die Grundlage zur Angstreduktion und zur verbesserten Kommunikationsfähigkeit.

Beispiel: Der Leithund eines Hundeschlittengespanns benötigt eine erhöhte Kommunikationsbereitschaft. Sind nun Teile des Nervensystems mit parasitären Spannungen beschäftigt, werden die Impulse aus den Sinnesorganen dadurch übertönt. Er wird Energie verlieren. Ähnliches gilt natürlich für alle Nutztiere. Sie arbeiten weit weniger gut als sie könnten, wenn sie unnötigen Spannungsmustern ausgesetzt sind.

Milly, eine große Hündin, litt unter Fehlbelastung der Vorderläufe. Sie hat die Vorstellung für die achiale Belastung verloren. Der Kraftaufwand war riesig und die zunehmenden Verspannungen behinderten sie beträchtlich. Ihre Sinne waren schon ziemlich leblos, sie war leistungsunfähig und sah traurig aus. Wie konnte Milly geholfen werden?

Durch mein Erforschen des Gleichgewichts wurde Milly die Neutralhaltung klarer. Vorwiegend im Sitzen und mit meinen Berührungshilfen wurde es möglich, Sinnes- und Organfunktionen wieder frei zuzulassen. Mit Sicherheit war das Nervensystem zu intensiv mit Schutz und Spannung beschäftigt. Somit wurden alle anderen Leistungen behindert. Das Nervensystem kann niemals alle Tätigkeiten auf einmal erbringen. Es ist bald mal überfordert. Widersprüchliche Impulse können erst recht nie über längere Zeit ausgesandt werden, ohne daß der Organismus Schaden nimmt. Diese Überforderung führt zu Einschränkung der Wahrnehmung.

Wenn das Nervensystem andauernd mit Anstrengungen, Spannungen und anderem mehr beschäftigt ist, dann können alle Signale von außen und innen schlecht wahrgenommen werden. Dies sehen wir am besten, wenn wir einen Brief tragen, und es setzt sich ein Vogel darauf. Wir werden sein Gewicht sofort fühlen, weil unsere Anstrengung gering ist. Tragen wir aber einen schweren Koffer, auf den sich der Vogel setzt, werden wir den Gewichtsunterschied nicht wahrnehmen können. Umso mehr also unser Nervensystem mit Spannung beschäftigt ist, desto schlechter wird unsere Sensitivität sein. Ein allgemeines Gesetz besagt, daß je kleiner die Anstrengung ist, umso klarer können wir geringe Unterschiede und Impulse wahrnehmen - dies ist ein weiterer Grund dafür, daß wir sanft behandeln.

Weil wir nur behandeln lernen, indem wir praktizieren, steigen wir nun direkt ins Praktikum ein.

Viele Hunde kommen mit einer ganzen Liste an Diagnosen zu mir.

Teil II Praktikum

6

Was sollen wir beim Behandeln beachten?

Gedanken und Präsenz

Präsent sein heißt da sein. Dies umfaßt gleichzeitig in einem bestimmten Zustand zu sein und meint auch, nicht irgendwo sein. Es heißt nicht, irgend etwas zu tun, sondern das jetzt Angemessene, und dies obliegt unserer Entscheidung. Als Zustand eignet sich die Kontemplation. Dazu bedarf es unseres Wissens nicht allzu sehr, umso mehr aber unserer Unterscheidungsfähigkeit und unserer Wahrnehmung. Da sein heißt auch, gedanklich klar sein. Hände und Gedanken sind verbunden und somit auch Handeln und Denken.

Für unsere Arbeit mit Hunden ist es entscheidend, unsere Gedanken zu kennen und sie zu trennen von denen anderer, was in unserer Kultur nicht selbstverständlich ist. So bewahren wir uns selbst davor, nach fremden Plänen zu handeln. Wir müssen uns klar werden, was unser Einfluß und welches die Aktivität des Hundes ist. Gleichzeitig koppeln wir aber zwei Wesen während des Behandelns für kurze Zeit zusammen, um innige Dialoge zu führen.

Wir haben uns angewöhnt, Eigenes von Fremdem zu separieren. Meines und Deines oder Unseres und Eures werden scharf getrennt. Diese Trennung ist im täglichen Leben unserer Kultur wichtig, denn wir besitzen Güter und Tiere, wir bilden Gruppen und Völker, wir regeln Dinge, formulieren Gesetze und Verhaltensformen. All dies ist in einem gewissen Bereich wichtig und angemessen und entspricht unserem Denken.

Wir haben aber auch die Möglichkeit des Zusammenseins, des Zusammendenkens und Zusammenfügens. Wir müssen uns auch im Zusammenbringen und Zusammendenken üben. Wir können unerkannte Beziehungen und Verbindungen entdecken und die feinsten, unsichtbarsten Fäden unseres gemeinschaftlichen Daseins erkennen lernen.

Behandeln ist gemeinsames Dasein. Wenn wir uns angewöhnt haben, die Dinge zusammenzudenken, kann es uns eher gelingen, allein zu sein. Das heißt in diesem Sinn, mit allem-eins-sein - All-eins zu sein. Also verbunden mit dem All und allem, was darin enthalten ist.

Das Unterscheiden, wann wir Dinge zusammendenken und wann wir separieren sollen, ist wichtig für unsere Behandlung und unterliegt unserer Präsenz. Denn wir müssen ja wissen, welches unsere Richtung ist, womit wir uns befassen und was wir zu unterlassen haben. Wir können uns stets fragen: Was ist angemessen?

Wir haben die Möglichkeit, uns jederzeit einem Wesen hinzugeben, uns darum zu kümmern und damit zusammenzusein. Deshalb brauchen wir aber auf keinen Fall selbst zu leiden oder gar seine Krankheit zu übernehmen. Dies ist unsere Haltung beim Behandeln. Ich kenne genügend Leute, die krank wurden, nur weil ihr Hund Krebs hatte und langsam starb. Dadurch wurden sie handlungsunfähig und konnten ihrem Hund nicht das geben, was er brauchte. Hier ist es also wichtig, sich mit dem Wesen zu verbünden und gleichzeitig sich nicht vom Kranksein beherrschen zu lassen.

Wir müssen auch festlegen, was unsere Arbeit und welches die Eigenleistung des behandelten Tieres ist. Oft habe ich miterlebt, daß ein Behandelnder die Arbeit des Hundes übernimmt. Zum Beispiel kann es unsere Idee sein, daß ein Hund lernt, seine Läufe weiter auszustrecken. Wir stimulieren seine Pfotenunterseite mit einem kleinen Brettchen - dies ist meine Arbeit. Ich werde aber seine Gelenke nicht strecken - dies ist seine Arbeit - er soll es tun. So lernt Ihr Hund, es selber zu machen und er vermag es dann eher zu tun als wenn ich es für ihn getan hätte.

Gute Präsenz macht die Behandlung wirkungsvoll.

Was ein Hund lernen kann, werde ich nicht für ihn tun, sondern lediglich Bedingungen suchen, mit denen er es selber machen kann - einfach so - ohne dabei viel überlegt zu haben.

Auch das Unterscheiden, wann eine Behandlung angebracht ist und wann nicht oder wie und wo wir arbeiten, sind alles Ermessensfragen. Unsere Erfahrung und unsere Einstellung zu Lebewesen wird dies für uns klarlegen. Ebenso ist es wichtig zu wissen, was wir von anderen als Fremdwissen übernommen haben.

Diese Unterscheidung geht parallel zur Differenzierung zwischen dem, was wir wahrnehmen und dem, was wir aufgrund unserer Meinungen, Ideen und anhand unserer Erfahrung meinen, wahrzunehmen. So manch einer meint, daß er das, was er zum Beispiel über Arthrosen und Herzstörungen weiß, selber erfahren hat und ist sich kaum bewußt, daß er alles gehört und gelesen - also übernommen - hat.

Wir müssen unsere Behandlung rein auf unserer Wahrnehmung basieren lassen. So helfen wir am meisten, wirkungsvoll und direkt. Sehen wir zum Beispiel am Hund eine Stelle, die nicht atmet, werden wir diese zu erforschen versuchen. Wahrscheinlich kann sich dadurch einiges arrangieren. Das heißt noch lange nicht, daß wir diese Stelle berühren werden. Vielleicht werden wir uns mit den dazu in Beziehung stehenden Funktionen und Teilen befassen.

Es wird aber wenig helfen, Worte, Gründe, Bezeichnungen oder Diagnosen zu benennen. Wir müssen die Beziehungen, Teile und Funktionen erforschen.

Direkte, innige Wahrnehmung ist nur während klarer Präsenz möglich. Wenn Ihnen immer besser gelingt, die Betrachtungslektion des vorhergehenden Kapitels leicht zu machen, besser zu erleben und weniger dabei in andere Sphären abzuschweifen, haben Sie schon eine bessere Präsenz und Ruhe erworben. Sie können nun diese nutzen, um Ihre eigene Atmung zu erforschen.

Atmung

Wir brauchen während unserer Betrachtungstätigkeit und beim Behandeln keine spezielle Atemform. Lassen Sie das Atmen einfach zu. Mit der Zeit aber wird uns vielleicht auffallen, daß sich einige Atemschwierigkeiten und Gewohnheiten in das Behandeln eingeschlichen haben. Vor allem, wenn jemand besonders präzis behandeln oder beobachten will, wird seine Atmung angehalten oder reduziert. Das Behandeln wird dadurch anstrengend.

Wenn Sie sich im Stadium der Ruhe und der Präsenz befinden, verbrauchen Sie wenig Luft und Sauerstoff. Sie werden aber feststellen, daß je gleichmäßiger Ihre Atmung in allen Ihren Innenräumen verteilt wird, umso besser Ihre Arbeitsqualität sein kann.

Was sollen wir beim Behandeln beachten?

Manchmal ist es fast unmöglich, nach anstrengenden Tätigkeiten, bei denen Sie streng geatmet haben, zu behandeln, ohne die eigene Ruhe wieder herzustellen.

Es ist eine große Kunst, die Atmung zu beobachten, ohne sie zu verändern oder gar zu stören. Wenn Sie während Ihrer Experimente mit Hunden Ihre Atmung beobachten, wissen Sie nicht, wie Sie vorher durchschnittlich geatmet hatten. Sie wissen nur, wie Sie dies jetzt tun, nachdem Sie durch das Beobachten die Atemqualität veränderten. Schon der Gedanke; "Wie und wo ist meine Atmung?" hat die Atemtätigkeit augenblicklich verändert.

Ich schlage vor, zu versuchen sich zu erinnern, wie Sie vorher geatmet haben. Das Nachgefühl wird Ihnen die nötigen Eindrücke vermitteln. Dies sollte genügen, um gut zu behandeln und den Atem leicht kommen und gehen zu lassen.

Auf keinen Fall aber sollten Sie sich verurteilen, falls Sie mal ungenügend atmeten oder meinen, einen Fehler gemacht zu haben. Orientieren Sie sich also öfter am Nachgefühl.

E *Machen Sie nun ein Experiment: Stellen Sie sich vor, daß alle Ihre Rumpfwände ringsherum aus feiner Seide sind. Denken Sie, daß Sie durch diese Seide atmen können. Teilen Sie das feine Gewebe in sechs Felder ein. Diese liegen vorn, hinten, links, rechts, oben und unten. Stellen Sie sich weiter vor, nun in einem Feld die Atmung durch das Gewebe strömen zu lassen und betrachten Sie, was dort vorgeht. Nach einer Weile gehen Sie zum nächsten Feld und später weiter, bis alle Felder durchatmet sind. Sie atmen also ein paarmal in Ihrer Vorstellung vorn, hinten oder unten durch die vorgestellten Seidenflächen.*

Am Schluß lassen Sie die Luft durch alle Sektoren gleichzeitig strömen. Tun Sie alles sanft, fein und wenig. Später können Sie mehr Felder einteilen, vielleicht zehn oder zwölf, um differenzierter zu experimentieren. Bleiben Sie dabei präsent.

Was hat sich während Ihres Experiments getan? Wie ist die Atmung geworden?

Machen Sie nun das gleiche Experiment mit Ihrem Hund. Teilen Sie seinen Rumpf in Gedanken in Felder ein und betrachten Sie, wie er an diesen Stellen atmet. Sitzen Sie dabei bitte einige Meter von Ihrem Hund entfernt.

Sie können sich bei diesen Experimenten einige Fragen stellen:

- Wo ist die Atmung dominant?
- Wo ist sonst noch Atem fühl- oder sichtbar?
- Ist das Einatmen oder das Ausatmen länger?

- Wird zum Ausatmen mehr oder weniger Kraft gebraucht als zum Einatmen?
- Gibt es Zusatzbewegungen, Stockungen oder Einzüge beim Atmen?
- Wie sind die Pausen nach dem Ausatmen oder nach dem Einatmen?
- Wie sind Rhythmus und Tempo?

Dies ist nur eine mögliche Auswahl von Grundfragen zur Atmung.

Stabilität

Kennen Sie das Gefühl von Ruhe und Gleichgewicht? Es ist das Gefühl von hoher Sicherheit, Gelassenheit, Stabilität und Kraft. Gleichzeitig können wir uns in dieser Haltung in jede erdenkliche Richtung fallen lassen und bewegen. Ein Turm von Kinderklötzen kann zum Beispiel blitzschnell in jede beliebige Richtung umgestoßen werden. Belasten wir ihn aber senkrecht von oben, kann er große Gewichte tragen. Lassen wir ihn stehen, ist er im Gleichgewicht und ruhig.

Fast so können wir uns fühlen - stabil und beweglich zugleich. In diesem Zustand werden wir behandeln. Dies ist auch für den Hund wichtig. Sie sollen sich im Gleichgewicht befinden, während Sie ihn berühren.

Dieser Zustand erlaubt uns, präsent und kontemplativ zu sein und leicht zu atmen. Machen Sie dazu ein Experiment:

E *Setzen Sie sich und suchen Sie Ihre Mitte. Sie lehnen dabei weder nach vorn, noch zurück und auch nicht zu einer Seite. Warten Sie einen Augenblick so.*

Neigen Sie sich ein wenig und leicht nach vorn und zurück und später nach links und nach rechts.

Dort, wo Sie sich in der Mitte fühlen, hören alle Kräfte und Anstrengungen auf. Wir nennen dies den neutralen Punkt. Hier ist auch das Atmen am leichtesten und ideal verteilt. In dieser Lage sind auch die Arme und Hände sanft und weich. Sie können aber damit auch Kräfte gut übertragen.

Sanftes Be-handeln

Be-handeln — so wie wir es hier tun — erfordert viel Feinfühligkeit. Hände können sehr viel vermitteln. Wir haben uns der Qualität der Äußerungen unserer Hände bewußt zu sein. Sanfte Hände können liebend, fühlend, klärend, vermittelnd, tröstend und lebendig sein — aber niemals sollen sie deshalb schwabbelig, zwiespältig, kitzelnd oder verwirrend sein. Wir erwerben die erhöhte Fähigkeit gleichzeitig zu geben und zu nehmen, aufzunehmen und mitzuteilen.

Wenn wir wissen, wie es in uns aussieht, können wir mehr darüber wissen, was wir mit unseren Händen und allen anderen Äußerungsmöglichkeiten vermitteln. Die eine Hand muß wissen, was die andere tut. Die Hände gehen vor wie einer der sich langsam, erstmals ins Unbekannte des Dschungels begibt. Es gibt keine Routine dabei — jedes Vorgehen ist ein einmaliges und einzigartiges Voranschreiten ins Unbekannte — vorsichtig, sanft und langsam, aber bestimmt.

Gute Hände sind solche, die fähig sind, am Unsichtbaren des Wesens des andern teilzuhaben, um im zweisamen Ausgleich des Nehmens und des Gebens das Wesentliche mitzuteilen — das Wesen zu erkennen.

E *Wir machen nun ein Experiment: Nehmen Sie etwas Lammwolle in Ihre linke, halboffene Hand. Etwa einen Knäuel von 8-10 cm Durchmesser. Drücken Sie diesen um einige Millimeter sanft und langsam zusammen. Machen Sie dann wieder Ihre Hand so weit auf, wie Sie anfänglich war. Versuchen Sie dies noch einige Male, bis Ihr Druck leichter wird und Ihre Hand feiner und weicher arbeitet.*

Streicheln Sie nun gleichzeitig sanft mit Ihrer rechten Handinnenseite Ihren rechten Oberschenkel. Tun Sie dies, bis Sie die linke Hand rhythmisch auf und zu bewegen können und rechts sanft, langsam und weich das Bein streicheln werden. Beides soll immer weicher und liebender sein und gegenseitig nicht störend wirken.

Haben Sie Ihre maximale Leichtigkeit erreicht?

Jetzt sind Ihre Hände in der Verfassung, zu behandeln. Seien Sie unbesorgt, das nächste Mal werden Ihre Hände diesen Zustand schneller erreichen.

Be-handeln erfordert "sanfte Hände".

7

Schulter, Becken und Angst

Kilia renkt die Schulter öfter aus

Während ich Kilia zu berühren begann, informierte mich ihre Besitzerin über Kilias viele Schäden und die Angst, unter der sie litt. Kilia ist eine schöne Colliehündin, die sich etwas manisch verhält. Kinder und Jugendliche griff sie öfter an und Erwachsene schnappte sie mit Vorliebe in die Nase. Der Tierarzt diagnostizierte mehrfache Ausrenkung der Schulter. Das Gelenk sei schon ziemlich beschädigt, deshalb hinke die Hündin so arg.

Ich betrachtete zunächst, wie Kilia ging. Der Gang war leicht geduckt, das Hinken war deutlich zu sehen, und sie hatte die Tendenz, einseitig schmaler zu stehen. Die eine Körperhälfte schien wie eingedellt. Dies sah aus wie ein großflächiger, leichter Eindruck, wie man ihn manchmal bei Autos undeutlich erkennen kann.

Kilia hielt die eine Rumpfseite verkürzt. Rute und Nacken waren auf die Gegenseite leicht abgebogen. Eine solche Kompensation werden Sie oft sehen, denn dies ist für Hunde die gängige Möglichkeit, die einseitige Verkürzung zu kompensieren.

Durch dieses Ausgleichen entstehen oft Schmerzen zwischen Rumpf und Nacken oder im Kreuzbereich. Dies sind Sekundärerscheinungen, die oft Ärger bereiten, Leiden verursachen und vielerlei Rätsel aufgeben.

Bei Hunden ist die Funktion der Hüfte mit derjenigen der Schulter eng verbunden. Viele Hüftbeschwerden haben deshalb eher mit Schulterschwierigkeiten zu tun als mit geringfügigen Veränderungen in den Hüftgelenken. Bei Kilia fiel mir die Beeinträchtigung der Hüftpartie besonders auf. Was war es, das die Seite so verkürzte?

Sie hielt ihre Rumpfmuskeln einseitig stark angespannt. Dies war schon zur Gewohnheit geworden. Weshalb sie dies tat, weiß ich nicht genau. Doch für mich genügte schon zu sehen, daß sie es tat. Sie konnte diese Muskeln auch nicht loslassen. Woran sehen wir dies?

Lag Kilia auf der Seite, war der Brustkorb viel weniger flach auf den Boden gelegt als dann, wenn sie auf der Gegenseite lag. Knie und Ellenbogen wurden auf der lädierten Seite gewohnheitsmäßig näher am Rumpf gehalten. Die Atmung erschien in den angespannten Zonen eingeschränkt.

Diese Bereiche wurden blitzschnell zusammengezogen, sobald Kilia eine Berührung erwartete oder wenn die Haarspitzen berührt wurden. Das ganze Gebiet schien in Alarmzustand zu sein.

Diese Erscheinung nennen wir Schutz- oder Schonmuster. Da Muskulatur ausschließlich nur spannen kann, wenn sie aus dem Nervensystem Energie in Form von elektrischem Strom erhält, können wir sicher sein, daß das Nervensystem in gewissen Zonen besonders viel leisten muß und sich stets in erregtem Zustand befindet.

Diese Erregung hat zur Folge, daß Leistungen auf anderen Gebieten abgeschwächt werden und der Hund viel Energie lediglich zum Spannen verschwendet. Mit der Zeit wirken all diese Muster parasitär, das heißt, die Kräfte werden für Leistungen verbraucht, die im Widerspruch zu den eigentlichen Lebenszielen des Individuums stehen.

Dies geht so weit, daß ein Hund zunehmend schwächer wird. Es kann zu allerlei inneren Problemen kommen, die meistens mit diesen Schutzmustern im Zusammenhang stehen.

Eines ist sicher: Schutz- und Schonmuster ziehen immer Angstreaktionen in Form von Aggression oder Flucht nach sich.

Bei Kilia stellten sich chronische Verdauungsschwierigkeiten ein. Sie konnte die gängigen Futtermittel nicht mehr verarbeiten. Ihr Immunsystem war geschwächt. Dies hat bei Hunden nicht nur die Folge, daß sie infektionsanfällig werden, sondern auch, daß sie in der Rangordnung zurücktreten werden.

Schutz ist für Lebewesen notwendig. Grassieren aber unnötige Schon- und Schutzmuster, zehren diese an den Vitalkräften und der Lebendigkeit und Funktionsfähigkeit des Hundes. Die Regulation der Spannung, der Aktivität und der Ruhe wird deutlich verzerrt und unangemessener. Kilia hatte damit große Mühe. Innere und äußere Impulse schien sie verzerrt aufzunehmen. Dies sah ich anhand ihrer Reaktionen. Sie reagierte auf Umweltreize manchmal zu intensiv und teilweise gar nicht mehr.

Ich entschloß mich, die Bereiche ihrer Schutzmuster nicht direkt zu berühren. Ihre halbe Flanke hielt sie geschützt. Ich versuchte zuerst, am Becken zu arbeiten, und zu erfahren, in welche Richtung dieses frei beweglich ist und wohin Kilia das Becken selber führen will.

Ich sah, daß sie die Tendenz hatte, das Becken in Richtung der Schulter zu ziehen. Ich folgte ihr mit meiner Hand - begleitend. Diese wenigen Millimeter Bewegung waren genug, um Kilias Aktivität zu verdeutlichen. Ich zeigte ihr, daß dies ihre Bewegungstendenz ist und wartete, bis ihr diese klar wurde.

Dieses Warten ging so lange bis Kilia Zeichen des Verstehens von sich gab. Diese Zeichen bespreche ich in späteren Kapiteln. Sie wurde ruhiger und ihre Atmung vertiefte sich in neue Räume. Etwas hatte sich ereignet, was nur durch dieses kleine Experiment möglich wurde.

E *Experimentieren Sie nun mit Ihrem Hund. Werden Sie sich den Behandlungsvoraussetzungen der Präsenz, der Atmung, der Stabilität und der Sanftheit Ihrer Hände bewußt. Ihr Hund kann ruhig auf der Seite liegen. Setzen Sie sich bequem hinter das Rutenende, ohne den Hund zu berühren. Legen Sie dann Ihre eine Hand leicht und flach auf das Hundebecken, etwa zwei bis drei Finger breit neben den Wirbeln an eine Stelle, wo Sie Teile des Beckenknochens deutlich fühlen können.*

Warten Sie eine kurze Weile. Fühlen und erahnen Sie das Leben und die Bewegungstendenz, die das Becken zu haben scheint. Begleiten Sie nun lediglich diese Tendenz - manipulieren Sie nicht. Es geht nicht darum, etwas zu bewegen, zu erreichen oder gar aufzuzwingen. Wir begleiten ausschließlich die Tätigkeit des Hundes leicht, klar und deutlich - so langsam, daß der Hund die Möglichkeit hat, seine Aktion zu entdecken und zu verstehen.

Arbeit am Becken - statt an der verletzten Schulter.

Kilia hat auf diese Weise den Spielraum und die Freiheit ihres Bekkens erkannt und leicht vergrößert. Ich änderte meine Lage und arbeitete dann von der Kopfseite her. Meine Hand bedeckte gut die Hälfte des Schulterblatts. Ich versuchte dasselbe Experiment zu machen wie zuvor am Becken. Dies gelang anfänglich und funktioniert bei den meisten Hunden. Kilia war in diesem Gebiet aber zu erregt und überempfindlich. Ich fühlte ihre kleinen Regungen im Schulterblatt, das sich mit Vorliebe gegen das Becken hin bewegte. Leider öffnete sich bei Kilia das ein wenig, was für diese Hündin deutlich unangenehm war. Dies war der Grund dafür, daß sie sich zu sperren begann. Deshalb hielt ich Schulterblatt und Oberarm konsequent wie ein Stück zusammen und experimentierte nun genauso wie am Becken. Dies verschaffte Kilia großes Wohlbefinden. Sie fing an, seitlich tiefer zu atmen und konnte sich bald berühren lassen.

Wir unterscheiden streng, einerseits Bewegungen zwischen Schulterblatt und Brustkorb und andererseits zwischen Schulterblatt und Oberarm. Bei Kilia lösten alle Bewegungen im Schultergelenk, also zwischen Oberarm und Schulterblatt, Schmerzen und Ängste aus. Sie hielt aber die ganze Partie mitsamt dem Schlüsselbein und den Rippen starr. Dadurch entsteht eine große Neigung zur Ausrenkung des Schultergelenks. Dieses Gelenk mußte geschützt werden. Ich half ihr dabei, indem ich dort keine Bewegung zuließ. Gleichzeitig zeigte ich ihr, daß sie Schulterblatt und Rippen frei und schmerzlos gebrauchen konnte.

E *Experiment: Beachten Sie wieder Ihre Behandlungsgrundlagen und versuchen Sie nun, die Atmung ihres Hundes durch ihre sanfte Hand zu fühlen, wie Sie dies schon früher taten. Nun machen Sie das gleiche Experiment wie vorhin mit dem Becken. Natürlich fühlt sich das Schulterblatt etwas anders an. Sie können aber auch hier seine Bewegungstendenzen fühlen und das Leben im Schulterblatt und in der Tiefe wahrnehmen. Experimentieren Sie mit Respekt und ohne zögerlich zu sein.*

Arbeiten Sie später fließend, abwechslungsweise mal am Becken und mal an der Schulter, um einerseits die gegenseitige Beeinflussung dieser Teile zu erkunden und andererseits um wahrzunehmen, was zwischen der Schulter und dem Becken passieren wird.

Es gibt viele Gründe, Angst zu haben. Bei Kilia führte die Angst nach mehreren Ausrenkungen der Schulter in einem verhältnismäßig großen Bereich zu behindernden Verspannungen. Der ganze Hund hinkte und seine Hinkmuster betrafen Läufe und Rumpf. Bei jedem Schritt wurde die Flanke eingezogen und die Läufe enger gestellt. Dies können wir als gesamtes Hinkmuster sehen. Es betrifft stets alle Teile. Im Rumpf ist das Hinken aber oft weniger gut erkennbar und bleibt unbeachtet und unbehandelt. Gleichzeitig mit den Schmerzen treten die Ängste auf. Diese gehen mit Schutz- und Schonmuster einher. Die Muskeln spannen, das Nervensystem liefert zuviel Energie und die Gelenke verändern ihr Aussehen dermaßen, daß man allgemein von Arthrosen spricht.

Angstmuster sind häufiger als wir vermuten

Hat unser Hund ein Mißgeschick mit einem umfallenden Fahrrad und wir können keine Verletzung finden, sehen wir aber häufig, daß er

Kopf und Schulter werden geschützt und ohne interne Bewegung als ganzes behandelt.

beginnt, tiefe Schutzverspannungen im Bereich seiner Mitte aufzubauen. Bei äußerst guter Beobachtung können wir dieselben Abläufe wie bei den Hinkmustern feststellen. Diese können auch sehr versteckt sein. Sie führen zu unerkannten Funktionsfehlern. Wer sich aber mit den Zusammenhängen innerhalb verschiedenster Systeme beschäftigt, wird die Auswirkungen im Ganzen erfassen können. Weder ein Hinken noch Arthrosen sind zunächst erkennbar. Damit sich Störungen manifestieren können, müssen die Schutzmuster genügend ausgeprägt und stark sein. Die sensitiven Teile werden dem Nervensystem genügend Rückmeldung über den veränderten Gebrauch jener Partien liefern, die ins primäre Angst- oder Schonmuster einbezogen sind. Dies ist Grund genug, die Schutzmuster zu verstärken. Gefördert werden diese Abläufe durch immer gleiche oder verschiedene Angsterlebnisse. Es ist wichtig zu wissen, daß jeder Hund seine individuellen Angstmuster aufbaut. An seiner Stelle, in seinem Tempo und in seiner persönlichen Stärke. Wir können einen Teufelskreis der Angst feststellen. Die Angst führt zum Spannungsmuster, dies fördert die Angstbereitschaft und das Nichtverarbeiten neuer Angsterlebnisse, was die Spannungsmuster verstärkt.

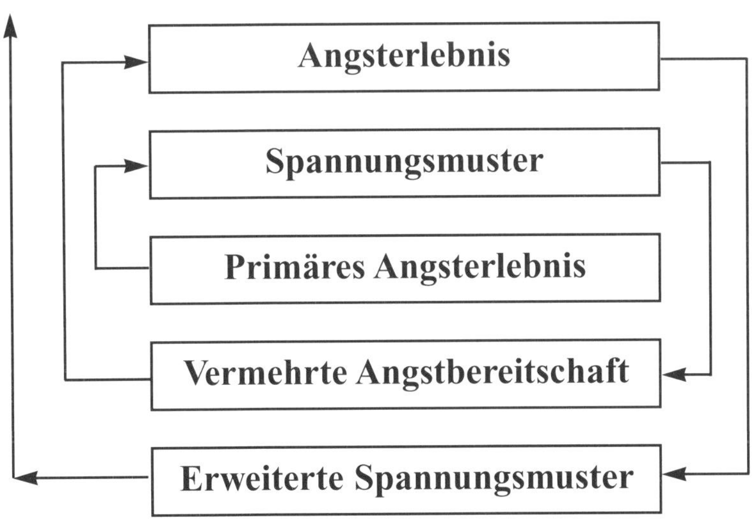

Ich gebe dafür ein Beispiel: Teddy, ein intelligenter Airedale-Terrier, der als Blindenführhund eingesetzt wird, hatte oft Mißgeschicke mit umfallenden Fahrrädern und fliegenden Werbetafeln. Meistens blies starker Wind als diese Unfälle passierten. Fahnen, Markisen und Schirme flatterten in diesen Augenblicken. Dies merkte sich Teddy gut. Er fing an, auf alles mögliche zu reagieren, wich aus und drängte seinen Herrn auf die Straße. Je öfter der Hund diese Unfälle erlebte, umso stärker wurden seine Schonmuster im Becken. Seine Angst und das Ausweichen nahmen zu. Die erste Behandlung verlief ähnlich wie bei Kilia. Ich arbeitete an Schulter und Becken, hatte aber gleichzeitig die Idee, Teddy wieder an Schirme zu gewöhnen. Dies gelang während der Ruhe der Behandlung soweit, daß er wenigstens beim Anblick von Schirmen nicht mehr erschrak und diese auch berühren konnte.

Dem Teufelskreis seiner Ängste mußte nun entgegengewirkt werden. Einerseits sollten die Schrecksituationen momentan möglichst vermieden werden und gleichzeitig war es vorteilhaft, die muskulären Angstmuster aufzulösen. Der Führhundehalter übernahm einen großen Teil der Prävention, indem er in schwierigen Situationen den Hund mit seiner Hand stützte und beruhigte, um ihm Sicherheit zu vermitteln.

Auswege aus dem Teufelskreis

Wir suchen einen sinnvollen und sicheren Ausweg aus diesem Teufelskreis der Angst. Wir bedienen uns der Feldenkraismethode als Mittel der Wahl. Durch die nonverbale Kommunikation werden wir den Hunden die Mitteilung über ihre unerkannten Spannungs- und Schonmuster eröffnen und geben ihnen damit die Möglichkeit, diese aufzugeben.

Hundefachleute empfehlen, die angstauslösenden Situationen zu meiden oder speziell zu konfrontieren. Dies ist für Hunde machbar, doch empfinde ich beides selten als zweckmäßig, wenn Methoden isoliert angewandt werden. Bei beiden Verfahren kann das festgesetzte Spannungsmuster weiter bestehen bleiben - ja parasitär grassieren. Die Gefahr besteht dabei, daß sich beim Vermeiden mehr Angstbereitschaft entwickelt. Diese zeigt sich in vielen weiteren - immer harmloseren - Situationen. Jener Hund, der mit der Gefahr konfrontiert wird, entfaltet oft ein Konfliktmuster zwischen der Angst und dem Müssen. Also entsteht zwischen zwei verschiedenen Ebenen im Gehirn eine Spannung, die sich wieder im ganzen Organismus ausbreitet.

Wenn wir davon sprechen, Schon- und Schutzmuster aufzulösen, ist damit gemeint, daß wir mittels unserer Hände die Hunde auf ihren Zustand aufmerksam machen. Gleichzeitig aber unterstützen wir sie so, daß große Sicherheit entsteht und dadurch ein klares Auflösen der Schon- und Schutzmuster geschieht. Der Hund tut dies alleine, wenn er die Voraussetzungen dazu in sich fühlen kann.

Nicht alle Schutzmuster können und dürfen aufgelöst werden. Bestimmte Muster erfüllen einen klar umrissenen, momentanen Zweck. Kilias Schultergelenk mußte geschützt werden. Ihre Schonzone war jedoch sehr groß, so daß ich annehmen konnte, daß mindestens ein Teil dieses Musters unnötig war. Also half ich Kilia, das lädierte Gelenk absolut ruhig zu halten. Gleichzeitig schaute ich, ob eine Eingrenzung der Schutzmuster für Kilia möglich sei.

Auflösung der Schutzmuster

Der direkte Ausweg aus diesen Teufelsspiralen bedeutet, daß wir von Anfang an versuchen, das primäre, delikate Spannungsmuster, beziehungsweise das Muster der Angst aufzulösen und zwar genau dort, wo es sich neuromuskulär, das heißt psychosomatisch präsentiert.

Wie machen wir dies bloß? Wir können ja den Hunden nicht in einer einstündigen Besprechung beibringen, ihr Spannungsmuster zu erkennen und darauf zu verzichten. Wir haben ein Kommunikationssystem zu finden, mit welchem es möglich ist, all dies präzise mitzuteilen. Die menschliche Sprache eignet sich nicht dazu.

Wir verwenden die Sprache der Hände. Damit können wir jene Teile im Gehirn ansprechen, die direkt mit den Spannungsmustern verbunden sind. Mit kleinen, sanften Hinweisen, Bewegungen und Berührungen werden wir den Hunden die kleinen Unterschiede mitteilen, um ihnen Hinweise auf ihre Zustände und Möglichkeiten zu vermitteln. Dies tun wir in den Feldenkraisstunden.

E *Machen wir mit unseren Experimenten weiter:*
Betrachten Sie Ihren Hund aus genügender Distanz. Er kann ungestört liegenbleiben. Nehmen Sie ihn voll in Ihr Wahrnehmungsfeld auf. Stellen Sie sich einige mögliche Fragen:

- *Wie liegt Ihr Hund da?*
- *Ist er gespannt oder frei von Spannung?*
- *Strahlt er Harmonie aus?*
- *Gibt es Teile, die Ihren Blick besonders anziehen - mehr als andere? Haben Sie spontan auf eine bestimmte Stelle geschaut?*
- *Was fällt Ihnen besonders auf?*
- *Wie und wo ist Atmung? Gibt es besonders lebendige Stellen?*
- *Hat Ihr Hund die Tendenz, spezielle Haltungen zu bevorzugen? Liegt er lieber auf einer bestimmten Seite? Ist diese oder die andere oft etwas kürzer gehalten?*
- *Erkennen Sie Bogen, Knicke oder Wölbungen?*
- *Ist eine Stelle stets näher zu einer Wand gehalten oder suchte eine Seite an Gegenständen oder Möbeln Schutz?*

Streichen Sie nun sanft und langsam über die Stellen Ihres Hundes, die freiliegen und sich geradezu zum Berühren anbieten. Fahren Sie so langsam über diese Stellen, daß Sie möglichst viel von dem wahrnehmen können, was sich im Innern ereignet.

Dies kann Minuten dauern und soll Ihren Hund nicht stören. Er kann sich dabei entspannen, nachdenken und die Berührung genießen.

Dies ist ein wichtiger Zugang zu Ihrem Hund. Er lernt dabei an Vertrauen zu gewinnen, Ruhe zu bewahren, seinen Zustand zu erkennen und Behandlungen zuzulassen.

- *Wo fingen Sie vorhin an, zu berühren?*
- *Wodurch ließen Sie sich dorthin leiten?*
- *Wo waren Sie mit Ihrer Hand - und wo nicht?*
- *Was hat Ihr Hund während dieses Experiments getan?*
- *Waren Sie selber in optimaler Verfassung? Haben Sie Ihre eigenen Voraussetzungen geprüft und erstellt?*
- *Welches sind die Stellen, die Sie am leichtesten berühren konnten?*

Ich gebe Ihnen eine kurze Zusammenfassung über die wichtigsten praktischen Schritte beim Behandeln.

Kurzpraktikum

Wenn wir einen Hund behandeln wollen, müssen wir sehr bewußt vorgehen. Der erste Moment ist oft einer der wichtigsten. Ich nenne diesen Teil der Arbeit die Annäherung. Wir müssen also zuerst herausfinden, wo und wie der geeignetste Zugang zum Wesen des Hundes sein wird. Es ergibt für mich keinen Sinn, irgendeinen im voraus beschlossenen Arbeitsablauf zu applizieren. Damit würden wir das Wesen des Hundes übergehen, seine Individualität mißachten und seine eigenen Möglichkeiten ignorieren.

Wenn wir einmal Aufschluß darüber haben, ob wir einen Hund überhaupt berühren dürfen, können wir durch scharfes Beobachten herausfinden, wo vorerst dieser seinen einfachsten Zugang anbieten wird. Es wird oft an einer Partie sein, die offen und ungeschützt dargeboten wird. Diese zeigt sich einem geübten Beobachter im Gehen und im Liegen. Der Kopf mit den Sinnesorganen kann oftmals nicht als geeigneter Primärzugang bezeichnet werden. Ich lasse mir viel Zeit, bis ich das Tier zum ersten Mal berühre.

Haben wir einmal einen sicheren Kontakt hergestellt, gilt die Aufmerksamkeit dem Aufbau des Vertrauens. Dabei versuche ich, die Art der Berührung herauszufinden, die dem Hund am angenehmsten ist. Gleichzeitig übertrage ich meine eigene Ruhe und Sicherheit auf den

Hund. Dies fördert das Entstehen einer angemessenen Lernsituation beiderseits. Es lohnt sich bewußt zu sein, daß wir uns in einer kommunikativen Beziehung befinden. Hunde verstehen unsere nonverbale Kommunikation vorzüglich, wesentlich besser als unsere Worte. Zielloses Herumsuchen, unkoordinierte Handbewegungen und unangemessene Berührungen können zu großer Verwirrung führen und alle unsere weiteren Botschaften verwässern. Es ist nicht einfach, irrtümlich gemachte Botschaften wieder zu korrigieren.

Die meisten Hunde begeben sich während dieser ersten Phase in eine Art Trance, in der sie sehr ruhig werden, uns eine wesentlich erhöhte Aufmerksamkeit und eine größere Mitteilungsbereitschaft entgegenbringen. Die Atmung ist voller, ruhiger und auch gleichmäßiger verteilt. Kauen, Gähnen, Saugen und Räkeln können als Zeichen von Wohlbefinden gedeutet werden. Wir können dabei oftmals die Schonmuster der Tiere exakter betrachten. Gleichzeitig haben wir eine fruchtbare Lernsituation geschaffen.

In dieser Situation wird es am besten gelingen, die Bewegungsmöglichkeiten offenzulegen. Wir können dabei oft sehr langsam vorgehen - langsam genug, daß die Tiere ihre Möglichkeiten entdecken können, und wir selber Zeit haben, die Rückmeldungen dieser Entdeckungen zu beobachten. Es lohnt sich, öfter Pausen zwischen den verschiedenen Handlungen einzuschalten und sich dabei vom Hund zu distanzieren.

Diese bewußte Distanz ist für uns selber und für die Hunde von größter Wichtigkeit. Der be-handelte Hund kann seine Lage neu finden und seine Ent-deckungen ausprobieren. Der Be-handler hat gleichzeitig die Möglichkeit, sich neu zu orientieren und zu organisieren.

Nach dieser Arbeit ist es notwendig, die entdeckten Handlungsmöglichkeiten in verschiedene Alltagshandlungen der Hunde zu übertragen.

Fallbeispiel: Ein zweijähriger Labrador hatte vor einem Jahr einen Unfall, ohne dabei einen Knochenschaden zu erleiden. Sein Hinken mißfiel seinen Besitzern. Die Aussagen der Ärzte divergierten diametral, und die Besitzer wußten keinen Rat.

Ich bemerkte, daß dieser junge Hund beim neugierigen Betrachten des unbekannten Behandlungsraumes die Wirbelsäule nach einer Seite wesentlich weiter kopfwärts und auf der anderen Seite bedeutend näher rutenwärts wegbog. Ein gutes Stück des Rumpfes schien sich nur einseitig biegen zu lassen.

Er legte sich behutsam hin. Die Wirbel drückte er sanft gegen die Wand. Er schien etwas mißtrauisch zu blicken. Ein Knie lag auf der einen Seite bedeutend näher beim gleichseitigen Ellbogen als auf der anderen. Die Atmung war auf einer Seite deutlich ausgedehnter.

Ich ließ ihm viel Zeit sich zu beruhigen und sich mir zu nähern. Ich hielt Distanz. Dort wo der Rumpf offener dalag und die Knochen das

Die Pfotendrehung hat verschiedene Einsatzbereiche.

Innere gut schützen, berührte ich dieses ruhige Wesen als erstes sanft und klar. Diesen ersten Kontakt nutzte ich, um Ruhe und Vertrautheit zwischen uns einkehren zu lassen.

Das ganze brauchte Zeit. Die Atmung wurde voller, der Hund beruhigte sich, verlängerte seinen Rumpf und sein Kopf schien nun schwerer zum Liegen zu kommen. Eine kleine Stelle seines Rumpfes, nahe der Achselhöhle, schien nun zwar offener zu sein, aber die dortigen Rippen beteiligten sich auffallend wenig am Atmen. Ich unterließ es, den Hund dort zu berühren.

Mir fiel auf, daß eine Vorderpfote angezogen dalag. Sie war nicht zu drehen wie die andere. Damit befaßte ich mich länger, bis der Hund das Meiste seiner Bewegungsmöglichkeiten freigab.

Damit war die eigentliche Arbeit noch nicht getan. Nun mußte die neu gewonnene Möglichkeit in die Bewegungen der Schulter und des Rumpfes integriert werden. Dazu passende Muster der Hinterläufe und des Kopfes konnten danach gefunden werden.

Im Stehen hatte dieser Hund einige Mühe, sich mit der neuen Situation vertraut zu machen. Es brauchte einige Zeit und wenige sanfte Berührungen, die ihn näher an die alternativen Möglichkeiten im Stehen heranführten.

Die Wirbel bewegten sich deutlich leichter zu beiden Seiten, und selbst die eingezogenen Rippen begannen, sich an der Atmung zu beteiligen. Der ganze Hund ging geschmeidiger.

Die wirkungsvolle Arbeit mit Tieren erfordert einiges an Erfahrung, Einfühlungsvermögen und präzisen Erforschens der Funktions- und Wirkungsweisen. Das klare und differenzierte Arbeiten führt stets zu einer frappierenden Erweiterung der Möglichkeiten und zu unmittelbaren, sichtbaren Veränderungen.

Wir dürfen uns nicht durch Vorurteile entmutigen lassen. Oftmals werden Diagnosen und Zustände mit den Begriffen, unveränderbar, hoffnungslos oder unheilbar assoziiert. Ich behaupte, daß es keine unabänderlichen Zustände gibt. Selbst die hoffnungsloseste Situation birgt noch Möglichkeiten und Alternativen in sich. Keine Situation ist so schlecht, daß Sie letztlich nicht durch bessere Einstellung und erhöhte Vitalkraft verbessert werden könnte.

Wir müssen unseren Blick deshalb stets auf die realisierbaren Möglichkeiten richten.

Die meisten Hundebesitzer glauben zum Beispiel, daß Arthrosen zwangsläufig mit starken Schmerzen verbunden sein müssen.

Chico litt unter Hüftbeschwerden. Er hinkte, hatte deutliche Schmerzen und war etwas aggressiv. Seine Besitzerin glaubte, daß dies ein unabänderlicher, sozusagen ein Endzustand sei, der nur noch schlimmer werden könne.

Ich machte mit ihm einige Experimente, vor allem mit der Schulter. Trotz des schlechten Röntgenbefundes und den niederschmetternden Prognosen lernte Chico, leichter und besser zu gehen und konnte ohne beträchtliche Schmerzen weiterleben.

Größere Raufereien mit anderen Hunden ertrug er jedoch schlecht. Die auftretenden Schmerzen verloren sich jeweils nach ein bis zwei Tagen. Chico hatte gelernt, seinen Zustand der Schmerzfreiheit immer wieder selbst zurückzurufen.

Arthrosen, Krebs und Schmerzen

Arthrosen treten immer häufiger auf. Vererbte Gelenkschwächen, unnatürliche Lebensweise und ein Leben ohne wesentliche Sinninhalte sind einige der meistgenannten Gründe für die Entstehung der Arthrosen. Meiner Meinung nach gibt es aber noch tiefere, weit häufigere Gründe, welche im Bereich der Beziehungskonstellationen zu suchen sind. Krebsgeschwülste gründen auch öfter in diesem psychischen Bereich.

Die Grundlage zu jeder Arthrose sind die unangemessenen Muskelspannungen, die jahrelang unbemerkt vorhanden sind und mit großen, parasitären Kräften die Gelenke zusammenpressen.

Diese Verspannungen sind die äußeren Zeichen der Schutz- und Schonmuster. Die sogenannte Degeneration der Gelenke, die im Röntgenbild erkannt wird, ist die einzige sinnvolle Reaktion des Organismus auf Flächendruck. Die Gelenkflächen werden dabei vergrößert, und somit wird der Druck pro Flächeneinheit relativ kleiner.

Die Tatsache, daß die Schmerzen in ihrer Heftigkeit stark variieren, ist allgemein bekannt und anerkannt. Die materiellen Befunde, welche oftmals als Schäden, Abnützungen und Wucherungen bezeichnet werden, sind im Gegensatz dazu einigermaßen konstant.

Daß sich oftmals tagelange Schmerzfreiheit mit heftigsten Schmerzen abwechselt eröffnet uns gerade die Möglichkeit, jene Zustandsformen im Tier zu finden, bei welchen die Schmerzen geringer sind oder nicht mehr nötig sein werden. Meistens können Handlungsvariationen gefunden werden, die situationsgerechter, angemessener und schmerzfreier sind. Geben wir den Tieren diese Chance unter dem Gesichtspunkt: Schmerzfreiheit trotz Arthrose. Selbst die Schmerzen bei Krebs sind nie konstant. Hier gilt es ebenso, die Zustände einer relativen Schmerzfreiheit zusammen mit dem Tier herauszufinden.

Hüftarthrosen

Hüftarthrosen werden bei Hunden sehr oft diagnostiziert. Auf den Röntgenbildern erkennen die Ärzte vor allem einen Knorpelschaden und eine Verschmälerung des sogenannten Gelenksspaltes.

Lange zuvor können aber geübte Beobachter ein typisches Schutzmuster erkennen. Dieses sieht aus, als ob der Hund die ungeschützten Teile im Bereich des Bauchs und des Beckens verdecken wollte. Je nach Art des Schutzmusters versuchen die Hunde jenen Teil beim Liegen auf den Boden zu legen, den sie als am schützenswertesten empfinden.

Wer den Gang der Tiere analysiert, sieht, daß die Beweglichkeit nicht nur in der krankhaften Hüfte, sondern zusätzlich in vielen anderen Bereichen eingeschränkt ist. Wir entdecken eine massiv erhöhte Steifheit in den Wirbeln, im Schulterblatt und in der Pfote. Die Gegenseite des Tieres ist meist mitbetroffen.

Die schmerzhafte Hüfte kann und soll durch unsere Manipulation keine zusätzlichen Bewegungspotentiale erhalten. Oft gilt hier: Hände weg! Da durch das lokale Geschehen in der Hüfte aber so viele Teile mitinvolviert wurden, haben wir die Möglichkeit, die Nachbargebiete differenzieren zu lehren, um die kranken Bereiche von den Sekundärbeeinträchtigungen zu entlasten.

Die intakten Bereiche, zum Beispiel die Schulter, werden nicht nur von der Hüfte differenziert, sondern auch in ihrem eigentlichen Funktionieren verbessert. Differenzieren ist auch integrieren. Einerseits muß die Hüftfunktion den übrigen Teilen angepaßt werden und andererseits kann ein Hund lernen, die Beeinflussung der Hüfte durch andere Teile zu reduzieren. Im Experiment sehen Sie deutlich, worum es sich handelt.

Unsere "Strategie" zielt deutlich auf eine Verbesserung der intakten Bereiche ab. Die sollen zu Gunsten der kranken Gebiete und Funktionen erweitert werden.

Es braucht etwas Erfahrung, um zu sehen, welche zusätzlichen Möglichkeiten dem Hund zuerst nützlich sein werden. Wir können jedoch stets dort beginnen, wo eine Funktion am leichtesten zu erlernen ist und am nützlichsten erscheint. Wir haben aber darauf zu achten, daß das schmerzhafte Gelenk in der neu erarbeiteten Gesamtfunktion des Hundes weniger belastet sein wird.

Röntgenbefund und Schmerzen

Röntgenbefund	**Schmerzen**	**Dysorganisation des Nervensystems**
0 = "keine" Schäden sichtbar	x = keine Schmerzen	A = "keine" Schäden
1 = mittlere Schäden	xx = mittlere Schmerzen	B = mittelmäßige Schäden
2 = starke Schäden	xxx = starke Schmerzen	C = starke Schäden

Röntgenbefund	Schmerzen		
2	x	xx	xxx
1	x	xx	xxx
0	x	xx	xxx
Dysorganisation des Nervensystems	**A**	**B**	**C**

Je deutlicher der Röntgenbefund - je gravierender die Dysorganisation des Nervensystems - desto stärker auch die Schmerzen.

E *Experiment: Legen Sie sich auf Ihre rechte Seite. Legen Sie ein kleines Kissen unter den Kopf. Lassen Sie Ihre linke Schulter etwas vor- und zurücksinken. Tun Sie dies langsam und sehr vorsichtig einige Male. Beachten Sie, wo Sie diese Bewegung fühlen können. Wahrscheinlich manifestiert sie sich auch in verschiedenen benachbarten Teilen.*

Bewegen Sie nun Ihre linke Hüfte vor und zurück. Wo können Sie diese Bewegung fühlen? In vielen anderen Partien?

Nun können Sie Ihre linke Schulter und die linke Hüfte gleichzeitig nach vorn und zurück sinken lassen. Was passiert in der Partie zwischen Hüfte und Schulter?

Nun machen Sie die Bewegung so, daß Sie die Hüfte gleichzeitig nach vorn sinken lassen, während Ihre Schulter nach hinten geht. Was fühlen Sie jetzt? Machen Sie es einige Male, bis Ihre Bewegung fließend, langsam und sanft wird. Dies ist nun eine erste Differen-

zierung. Zwei Teile bewegen sich gegenläufig.

Versuchen Sie nun das gleiche bei Ihrem Hund. Stellen Sie zuerst gute Behandlungsbedingungen her.

Setzen Sie sich unweit von seinem Rücken und legen Sie Ihre eine Hand sanft auf das Schulterblatt und die andere aufs Becken. Fühlen Sie, welche Tendenz vorhanden ist? Möchte Ihr Hund beide Teile in die gleiche Richtung bewegen oder in die entgegengesetzte? Was geschieht zwischen Schulter und Becken? Was tut der Hund, wenn wir daran denken, die Richtungen zu wechseln?

Das gleiche Experiment geht natürlich auch mit Bewegungen, die rechtwinklig zur beschriebenen verlaufen - also beim Hund, kopf- respektive rutenwärts. Probieren Sie diese neue Richtung bei sich selber aus, bevor Sie mit dem Hund experimentieren.

Alle neuen Behandlungsschritte müssen zuerst Ihnen selber klar sein, und Sie sollen diese vorgängig verinnerlichen. Erst dann können Sie damit an Ihren Hund herantreten. Dies ist eine weitere, wichtige Behandlungsvoraussetzung. Sie können dem Hund nur das ehrlich weitergeben, was Sie selber erfahren haben. Denken Sie aber auch daran, daß neben Ihrer Vorbereitung auch die Annäherung an das Tier wichtig ist. Also der erste Kontakt und die Phase des Vertrauensaufbaus.

Zwiegespräch

8

Voller Schmerzen

Der Fall Edi - unser vorsichtiger Zugang

In den vorhergehenden Fallbeispielen haben wir versucht, einen Einstieg ins Behandeln von Hunden zu finden. Vielfach können wir gleich mit dem Experimentieren beginnen. Aber manchmal brauchen wir eine gewisse Vorbereitungszeit, die wir uns und unseren Tieren zugestehen müssen. Nicht in jeder Situation können wir gleich berühren. Es ist von Vorteil, daß wir im vornherein annehmen, daß wir es nicht dürfen. Mit dieser Voraussetzung werden wir bei unserem Vorgehen vorsichtig sein und langsam einen Kontakt suchen. Sind wir nämlich zu forsch oder zögerlich, haben wir Mühe, unsere Experimente beginnen zu können. Es entsteht beim Hund eine neue Abwehrhaltung, Mißtrauen und Rückzugsgebaren. Es muß uns bewußt sein, daß wir etwas für den Hund Neues und Fremdartiges beginnen. Sein Mißtrauen ist also völlig angebracht und natürlich.

Wir dürfen den Hund nicht mit unseren Vorhaben überfahren und auch nicht den Eindruck erwecken, daß wir ihm etwas aufzwingen wollen. Unsere Haltung ist also Respekt. Wir stellen dem Hund etwas zur Verfügung, das er annehmen darf. Wir selber haben dafür zu sorgen, daß wir in einer Haltung des Schenkens und Anbietens auftreten. Je mehr wir uns aufdrängen, umso eher entstehen Gegenwehr und Rückzug.

Häufige Lagewechsel können störend wirken. Wenn Sie während des Behandelns Ihre eigene Lage wechseln, kann dies, falls Sie dabei ungeschickt vorgehen, Unruhe und Mißtrauen hervorrufen. Achten Sie, daß Sie dabei Ihren Hund nie unbeabsichtigt berühren oder anstoßen. Nehmen Sie Ihre Hände für diese Aktion vom Hund weg und machen Sie es ruhig, langsam und bedächtig.

Die Notwendigkeit Ihrer Lageveränderung müssen Sie selber abschätzen, doch sollte diese nicht allzu oft sein. Ihre Haltung muß stets der jeweiligen Arbeit angepaßt werden. Sie soll bequemstmöglich sein. Das Fühlen wird dadurch erleichtert und Sie können alles so tun, daß Sie sich dabei wohlfühlen. Ich sitze beim Behandeln oft auf dem Boden, weil viele Hunde Arbeitstische nicht mögen und sich darauf unsicher fühlen. Wenn Sie behandeln und entweder auf dem Boden nicht genügend komfortabel sitzen können oder einen Hund behandeln, der gerne auf der Behandlungsliege ist, verwenden Sie bevorzugt solche Möbelstücke. Diese müssen aber absolut stabil sein und dürfen weder zittern noch wackeln. Behandlungstische sollten nicht zu hoch sein. Ich verwende solche von etwa 40 cm. Verwenden Sie bitte diese Liegen nicht für Pferdebehandlungen.

E *Machen Sie nun ein kleines Experiment: Setzen Sie sich zu Ihrem Hund und legen Sie Ihre eine Hand sanft auf seinen Brustkorb. Fühlen und warten Sie einige Augenblicke.*

Entfernen Sie nun langsam Ihre Hand und wechseln Sie nun Ihre eigene Position so, daß Sie von einer anderen Seite an den Hund herankommen können. Beobachten Sie Ihren Hund. Haben Sie seine Ruhe gestört? Nehmen Sie sich Zeit für diese Umlagerung.

Sobald Sie sehr bequem sitzen und sich Ihre Atmung beruhigt hat, berühren Sie Ihren Hund wieder langsam und sanft, mit der gleichen Hand. Warten Sie bis ein klares Vertrauensverhältnis entstanden ist und sich die gleiche Ruhe wieder eingestellt hat wie vor Ihrem Lagewechsel.

Nun nehmen Sie behutsam Ihre Hand von dem Hund weg und entfernen sich dann für einige Meter.

Ich habe beobachtet, daß gerade das Wegnehmen der Hand bei den meisten Behandlungen zu rasch vor sich geht. Dies ähnelt dann einem abgerissenen Kontakt und schafft schlechte Voraussetzungen für eine neue Kontaktaufnahme. Schenken Sie also dieser Berührungsunterbrechung größte Beachtung. Sie soll eben so zart sein wie eine Kontaktaufnahme.

Die ersten Berührungen sind oft die wichtigsten. Manchmal werden Sie den Zugang nicht spontan finden. Wenn ein Hund von zu großen Schmerzen geplagt wird oder andere schlechte Erfahrungen sein Leben prägen, antwortet er auf Ihr Eindringen in sein erweitertes Schutzdispositiv mit Aggressions- oder Fluchtreaktionen. Hat er beides nicht gelernt, wird er einfach seine Schutzmuster verstärken. Seine Muskelverspannungen werden schneller und heftiger.

So war es auch bei Edi. Es war ein schwieriger Zugang. Er litt überall rings um seinen Rumpf an Schmerzen. Diese bauten sich über die vergangenen Jahre langsam auf und hatten manigfache Konsequenzen. Sein Gang wurde verändert, er fing an zu drohen, er wurde mürrisch und mißmutig. Schon- und Schutzmuster breiteten sich aus und seine Sinne wurden nach innen gekehrt.

Damit ein Hund vollkommen am äußeren Leben teilnehmen kann, müssen sein Inneres und sein Nervensystem frei arbeiten. Ansonsten ist er zu sehr mit sich selbst beschäftigt. Hunde scheinen nicht so sehr von Vergangenheit und Zukunft absorbiert zu sein wie die meisten Menschen. Dafür haben Sie mehr Mühe, sich auf die Umwelt einzustellen, sobald Sie durch Spannungen, Schmerzen und Dysregulation, also zu sehr mit ihrem Innern beschäftigt sind.

Edi war von Grund auf ein sehr lieber und gutmütiger Hund. Dies las ich aus seinen Augen. Trotzdem gelang mir der erste Kontakt nicht. Ich suchte eine ganze Stunde einen guten Zugang. Die beste und sicherste Annäherung war bei ihm an Teilen weit weg vom Rumpf, also weg von seinen Schmerzen, möglich. Dort konnte er die Berührung leichter zulassen. Es ist auch schwieriger, mit zuviel Bewegung, Lageänderung und Geschwindigkeit einen Zugang zu finden. Es reicht, dem Hund eine sanfte Berührung anzubieten und dort, wo wir angefangen haben, gleich zu bleiben, bis uns der Hund das Signal zum Weitergehen gibt. Diese geringen Äußerungen und Signale sind wichtig. Ich deute sie als Erlaubnis, die Behandlung fortzusetzen und als Einverständnis des Hundes mit dem jeweiligen Vorgehen.

Dies ist der wichtigste Teil der nonverbalen Kommunikation, welche ich als Dialog verstehe. Mit der Zeit werden Sie mehr und feinere Zeichen verstehen können. Oft sind es klare, diskrete Äußerungen des Hundes, die wir zu entziffern haben. Die meisten Menschen sind der Auffassung, daß nur das, was verbal hin- und hergeht, als Dialog bezeichnet werden kann. Von Hunden können wir keine Worte erwarten. Wir müssen also ihre Körpersprache aufnehmen und verstehen lernen. Aufgrund dieser feinen Übermittlungen können wir mehr darüber wissen, wann, wo und wieviel wir behandeln dürfen. Unsere Mitteilung an den Hund kann also auch verbal sein. Dabei sollen wir nicht vergessen, daß wir parallel zu den verbalen auch stets gleichzeitig nonverbale Äußerungen vermitteln. Der Hund wird auf seine eigentümliche Weise mit den ihm zur Verfügung stehenden Mitteln antworten. Diese Mittel und die Mitteilungen werden während den Feldenkrais-Behandlungen immer deutlicher.

Legen Sie die Hände sanft auf den Rumpf und fühlen Sie sein Inneres.

Falls Sie die Betrachtungsmeditation mit Ihrem Hund machen, wissen Sie schon bald viel mehr über seine Ausdrücke. Gleichzeitig schulen Sie dabei Ihre eigene Wahrnehmungsfähigkeit. Die Äußerungen des Hundes sind individuell und wesentlich. Ich zähle einige davon auf.

Deutliche Zeichen:
- Knurren, Zähnefletschen, Beißen
- Aggressions- und Fluchtgebahren

Bewegungszeichen sind Änderung von:
- Mimik und Gestik
- Atembewegungen, Seufzen
- Position zum Behandler - weg oder näher
- Position zu schützenden Teilen - Wände, Möbel
- Muskelspannungen und Augenbewegungen
- Kau- und Schlucktätigkeit
- Speichelfluß
- Räkeln und Strecken
- Geräusche, Körpergeruch, Gähnen, Dösen

Es lohnt sich, diese stummen Zeichen verstehen zu lernen. Nehmen wir Kombinationen dieser Äußerungen wahr, gibt uns dies mehr Aufschluß.

Edis Mitteilungen waren sehr deutlich. Er knurrte, fletschte seine Zähne, zog den Bauch und die seitlichen Rippen zusammen und begann flacher zu atmen.

Es gelang mir, seine Pfoten vorsichtig zu berühren. Diese schienen weit genug von seinen Schmerzstellen entfernt zu sein. Er ließ es geschehen. Es lohnte sich, auf jede Manipulation zu verzichten, einfach präsent zu sein und langsam, Stück für Stück Vertrauen aufzubauen. Was ich tat war nicht bloßes Warten. Eher war es gutes Beobachten, Fühlen, Dasein und Verständigen. Über die Pfoten konnte ich mit etwas Übung viel über Edis Rumpf erfahren. Alle Teile sind selbstverständlich in einer gewissen Weise klar verbunden. So können wir auch an den peripher liegenden Teilen viel über das Zentrum in Erfahrung bringen. Einerseits stehen die Teile über Knochen und andererseits über das Nervensystem miteinander in Verbindung.

Wie Sie schon bemerken konnten, ist unser Denken etwas anders als das weitverbreitete, übliche therapeutische Denken. Dabei wird meistens dort berührt, wo Schmerzen sind. Dies hat zur Folge, daß sich die Schutzmuster verstärken und sich die Schmerzen dadurch reduzieren. Schmerzreduktion tritt somit als Effekt von stärkerer, sekundärer Schutzspannung auf. Sie wissen bereits, welche Nachteile diese Strategie hat. Wir gehen daher in Edis Peripherie und denken vor allem an den Aufbau unseres Vertrauensverhältnisses. Schmerzfreiheit wird zum Effekt des gesteigerten Vertrauens - ist aber nicht unsere primäre Intension. Bei Kilia war die Strategie, daß die benachbarten Teile die Schulterfunktion übernehmen. Damit konnte das Oberarmgelenk entlastet werden. Die Schonmuster konnten im lädierten Gelenk somit aufrechterhalten bleiben, bis das Gelenk gut ausgeheilt war und seine

Mobilität, das Vertrauen und alle Leistungen langsam wieder zurückkehren konnten.

Bei Teddy war die primäre Strategie, nicht wie gewöhnlich, seine Ängste durch Strafen und Loben zu unterdrücken, sondern auf seine muskulären Spannungsmuster direkt einzugehen.

Hier gebe ich noch einige zusammenfassende, kurze Zusatzinformationen. Der Fall Teddy wird später noch ausführlich besprochen.

Strategie und anderes Denken

An einigen praktischen Beispielen sollen die Behandlungsschritte erläutert werden:

Kilia litt darunter, daß sie alle paar Wochen beim Spielen eine Schulter ausrenkte. Der Arzt riet, dieses Gelenk stets gut von Hand zu bewegen. Ich untersuchte diese Hündin und konnte eine deutliche Schonhaltung der Schulter fühlen. Kein Wunder, nach all diesen vielen Verletzungen und dem wiederholten, raschen Hypermobilisieren des Gelenks. Rippen und Schulterblatt waren in einem typischen, zweckmäßigen Schutzmuster festgehalten. Dies führte dazu, daß das eigentliche Schultergelenk noch mehr überanstrengt wurde. Ich lehrte die Hündin, ihre Bewegungen weniger im Schultergelenk zu machen, dafür mehr zwischen Schulterblatt und Rippen. Zusätzliche Bewegungspotentiale konnten zwischen den Rippen der Hündin genutzt und entdeckt werden. Die Verletzungstendenz ging erheblich zurück. Doch auch ihr übermäßiges, angstbegründetes Bellen wurde seltener. Ein Problem gab es bei den ersten Behandlungen: Sie weigerte sich, die verletzte Schulter berühren zu lassen. Ich legte sie also auf die verletzte Seite, um über ihre andere, sicherere Seite an der verletzten Stelle arbeiten zu können.

Umstürzende Fahrräder und Werbetafeln, aber auch Regenschirme lösten bei Teddy, einem jungen Blindenführhund erhebliche Angstmuster im Bereich des Oberbauchs aus. Die unteren Rippen und die Bauchdecke zog er stark zusammen. Seine Führarbeit wurde etwas beeinträchtigt - er wich aus. Häufiger Durchfall war nicht in den Griff zu bekommen. Die Spannungen blieben auch beim Schlafen weiter bestehen. Nachdem der Hund aber gelernt hatte, auf dieses Angstmuster zu verzichten, blieben die Durchfälle aus, und er konnte klarere Führungsarbeit leisten. Eine wesentliche Rolle spielte auch das Verhalten des Sehbehinderten, der in kritischen Situationen mit seiner Hand dem Hund das Angstmuster klarlegte und ihn beruhigte. Hunde bauen immer wieder Abwehrmuster gegen Würge- und Stachelhalsbänder auf. Diese Halsbänder sind für Nutztiere ungeeignet, da sie in den weichen, nicht durch Knochen geschützten Zonen, unkontrollierte Eingriffe und Druckeinwirkungen verursachen. Dies fördert die Schutzdispositive in einer Weise, wie sie die wenigsten Hundehalter bewußt beabsichtigen.

Hinkmuster

Bei allen Wirbeltieren ist das Knochengerüst eng verbunden und nur durch Gelenke geringfügig beweglich. Werden einige dieser Gelenke leicht mehr bewegt, als sie von ihrer individuell anatomischen Struktur her dürften, gewöhnen sich die Nachbargelenke an, sich steigernd weniger zu bewegen. Das ganze Nervensystem nimmt diesen, leicht veränderten Aktionsplan in sich auf und arbeitet in dieser veränderten Weise weiter. Jede weitere Aktivität wird nun dementsprechend gesteuert und ist bald Gewohnheit geworden. Das verursacht eine Kettenreaktion. Diese Anpassung im Nervensystem hat den entscheidenden, überlebenswichtigen Vorteil, daß verletzte Tiere ihre Mängel kompensieren können. Der Nachteil ist aber manchmal, daß aufgrund übermäßiger Schutzmuster, die irrtümlich und unerkannt erhalten bleiben, die veränderten Pläne weiter bestehen und sich selber stetig verstärken. Dies hat auch sekundäre Gelenk- und Muskelveränderungen zur Folge. Daß Gelenke zuviel und andere weniger arbeiten, kann wiederum das Resultat von sekundären Schon- und Schutzmustern sein. Muskelverspannungen verursachen also weitere Muskelverspannungen.

Die Mimik sagt einiges. Sie ist nicht die einzige Äußerung des Hundes.

Im Nervensystem sind immer Gesamtpläne vorhanden. Also werden sich stets alle Hinkmuster über das ganze Tier ausbreiten. Alles ist beteiligt. Im Fall Edi wurden schlußendlich auch Zunge und Kiefer schief benützt, sodaß auch dort gearbeitet werden mußte.

Bleibt ein Schutzmuster über längere Zeit bestehen, verändern sich im Sinne einer Anpassung alle anderen Teile des Hundes in ihrer eigentümlichen Art. Umgekehrt kann es geschehen, daß während einer Behandlung eine unberührte Stelle verbessert wird.

Wir werden dann sehen, daß sich alle Teile dieser Stelle anpassen, falls der Hund diese als angenehmer empfindet. Bei Edi waren die Spannungszustände schon seit längerem vorhanden, also hielt ich es für angebracht, von verschiedenen Teilen aus zu behandeln. Auf diese Weise konnte er leichter verstehen und seine Funktionen müheloser arrangieren und integrieren.

Erkennen wir Spannungsmuster rechtzeitig!

Für Anfänger ist es nicht leicht, kleinere Anspannungen zu erkennen. Reitlehrer beklagen oft, daß ihr Pferd einseitig schwerer zu biegen sei, daß Pferde in der Kurve zur einen Seite scheuten, daß das Angaloppieren nur einseitig möglich sei oder gar die Reitschüler(Innen) in der einen Kurve abgeworfen würden. Versuchen sie aber diese Pferde vom Boden aus zu testen, werden sie gar nichts feststellen können. Es passiert oft erst bei Belastung oder Geschwindigkeit, weil dabei die Spannungsmuster um ein Vielfaches stärker werden.

Bei Hunden sind die Muster schwieriger zu erkennen. Belastungen sind seltener und andersartig.

Für mich ist es am sichersten, die Schon- und Schutzmuster durch Beobachten und Berühren zu erkennen. Situationen, in denen sie auftreten, sind besonders wertvoll. Ein gut geschulter Tastsinn ist sehr wichtig. Nur wer die Muster präzise erkennt, kann auch behandeln.

Entdecken der Schutzmuster

Wir haben die Möglichkeit, diese zu sehen und zu fühlen. Wir bedienen uns jener Sinnesorgane, die uns selber am vertrautesten sind. Manchmal ist es die Muskelkontraktion, die uns auffällt, — sie erscheint in Schutzmustern wesentlich schneller und sieht handlungsfremder aus. Ein Zusammenziehen kleinerer oder größerer Partien zeigt sich oft in Form von Verkürzung, Eindellung oder Wellenbildung.

Funktionale Veränderungen bleiben häufig unerkannt. So schwinden die Differenzierungsmöglichkeit und die Diversität der Handlungen.

Beispiel: Heben wir zum Abtrocknen die Hinterpfoten ein wenig, so sehen wir oft, daß sich die eine Pfote heben läßt, indem das Becken ungefähr auf der selben Höhe verharrt. Auf der anderen Seite aber wird das Becken wesentlich mitangehoben. Das heißt, auf der einen Seite ist die Differenzierungsfähigkeit geschwunden. Nehmen die Schutzmuster zu stark überhand, wird der Hund sehr an Urverhalten einbüßen. Seine üblichen Reaktionen darauf sind entweder Aggression, Autoaggression, Rückzug, Flucht oder Depression.

Weitere Fallbeispiele verdeutlichen unser Vorgehen. Neue Denkweisen tun sich auf.

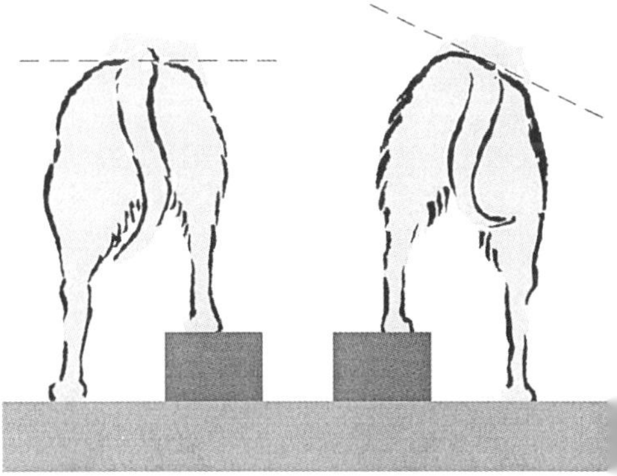

Oft sehen wir bei Hunden dieses Bild, sobald wir ein Bein heben. Dies gibt uns etliche Hinweise auf die Verteilung der Beweglichkeiten in den Gelenken.

Die häufigsten Störungen im Hundeleben stellen die mannigfaltigsten Hinkmuster dar. Dabei spielt es weniger eine Rolle, ob diese unfallbedingt sind oder als unbekannt, selbst entstanden bezeichnet werden können. Was sehen wird dabei? Ein Hund spannt eine gewisse Kombination von Muskelpartien vermehrt, vermindert oder vor allem anders zusammengesetzt an. Muskeln können bekanntlich ausschließlich aufgrund nervlicher Steuerung betätigt werden. Das Hinkmuster muß als Veränderung der nervlichen Steuerungsmuster angesehen werden. Die Ladungsverteilung im Zentralnervensystem verschiebt sich teils beträchtlich, es entstehen neue Kombinationen der Ansteuerung im ganzen Bewegungsapparat.

Im Zusammenhang mit unserer Arbeit ist jedoch die Tatsache wichtig, daß neben der veränderten motorischen Aktivität die sensitiven Rückmeldungen stark verändert ins Nervensystem zurückkommen. Wenn es uns nun gelingt, einem Tiergehirn neue, physiologischere, andere Impulse zur Verfügung zu stellen, werden sich auch die motorischen Muster ändern. Hirnareale werden während des Hinkens anders benutzt als bei der symetrischen Gehweise oder bei intakten Tieren. Die übermäßigen Spannungen führen zu massiven Fehlbelastungen einiger Gelenke, was die häufigste Grundlage zur Arthrosenbildung darstellt. Das Nervensystem gerät in Disharmonie. Dies hat multifaktorielle Auswirkungen wie Ängste, Funktionsstörungen der inneren Organe, Verhaltensstörungen und Veränderungen in der Zellsteuerung. Die Wahrnehmung wird mit der Zeit stark reduziert.

Das Hinken nach Verletzungen wird häufig nach dem Ausheilen im Nervensystem als Muster gespeichert und kann zeitweise oder stetig beibehalten werden. Häufig bleiben Hinkmuster unerkannt, vor allem wenn sie beidseitig oder diskret stattfinden. Manifestieren sie sich in der Peripherie, in den Läufen, so sehen wir sie meistens deutlich. Beschränken sie sich mehrheitlich auf Kopf und Rumpf, erfordert das Erkennen eine weitaus bessere Beobachtungsgabe.

Edi litt unter einigen dieser Symptome. Er brachte aber auch gute Voraussetzungen mit. Ursprünglich war er mal sehr zugänglich. Mit der Zeit fing er an, sich allzusehr mit Schutzdispositiven zu beschäftigen. Er "explodierte" beinahe bei jeder Bedrohung durch Gegenstände und Personen, die zu nahe an ihn herankamen. Ein übermäßiges Schutzmuster zu haben ist mit dem Verhalten von Menschen zu vergleichen, die in Kriegssituationen stetiger Bedrohung ausgesetzt waren. Nach Kriegsende waren sie jede Nacht dermaßen "auf Draht", um sofort aufspringen, kämpfen oder fliehen zu können. Dies können Menschen aufgrund übermäßiger Aktivität des Nervensystems und eines überempfindlichen Alarmsystems. Bei Edi war es fast dasselbe. Er mußte wieder Vertrauen und Selbstvertrauen finden. Dieses konnte er zurückgewinnen, indem er sich selber besser kennenlernte und die neuen Situationen, in denen er sich befand, als ungefährlich zu beurteilen vermochte. Dies geschah durch meinen klaren Kontakt, der ihm viel Information über seine Funktionen mitteilte. Ich arbeitete an vielen Gelenken, beschränkte ich mich am Anfang auf die Peripherie. Später tastete ich mich langsam bis zur Mitte vor. Dies brauchte Zeit und langsames Vorantasten.

Das Beschäftigen mit einem einzelnen Gelenk und dessen Umgebung lohnt sich. Dies geschieht jedesmal sehr sanft und vorsichtig. Die Bewegungstendenz und die Freiheit zu erkunden, vermittelt dem Hund Erkenntnis über seine Möglichkeiten. Dies ist die Grundlage zum Erreichen des Selbstvertrauens. Vertrauen haben kann ein Hund vor allem in etwas, das er kennt. Erkenntnis ist die Voraussetzung für Vertrauen.

Die wichtigsten Behandlungsgrundlagen haben wir nun erarbeitet. Einerseits spielt das Verhalten des Behandlers bezüglich seiner Präsenz, seiner Gedanken, seiner Atmung und der Haltung eine große Rolle. Andererseits sind es ungewohnte Gedanken wie zum Beispiel das Denken an den Vertrauensgewinn oder an die Einmaligkeit des Wesens, die im Vordergrund stehen. Bedienen wir uns der Feldenkrais-Methode, spielen die Fragen von Schutz, Lebensfunktion, Angst und Vertrauen und deren Grundlagen die übergeordnete Rolle. Das Wie des Vorgehens und die Art, wie ein Hund etwas tut, ist wichtiger als Terminologie und Begründungen. Das Denken in Lebensprozessen steht weit über dem Suchen nach Krankhaftem - nach dem Pathologischen. Bei Prozessen gibt es weder richtig noch falsch. Dies gilt auch für unsere Behandlungen. Ich wiederhole einige Aussagen am Beispiel bissiger Hunde.

Bissige Hunde

Mit bissigen Hunden zu arbeiten braucht manchmal viel Zeit und in den ersten Sitzungen einiges an Ruhe, Distanz und viel Geduld, um das verlorene Vertrauen wieder aufzubauen. Einige Hunde wurden mit einem Maulkorb in meine Praxis gebracht. Haben die Tiere einmal verstanden, worum es mir geht, ist die Arbeit mit ihnen besonders fruchtbar und angenehm. Sie zeigen sich dankbarer als andere Hunde, haben einen Teil ihres übermäßigen Aggressions-verhaltens abgelegt und können nun ein friedvolleres, angstfreieres und selbstsichereres Leben führen. Dies scheint angenehmer zu sein, verschafft es ihnen immerhin den Vorteil, akzeptiert, geliebt und geachtet zu werden. Das merken Hunde sehr rasch. Aggressionen und Angst gehen oft mit Verspannungen des Kiefers, des Rachens, des Zungenbeins sowie Störungen der Verdauung einher. Diesen Bereichen haben wir stets unsere besondere Aufmerksamkeit zu widmen. Gelingt es uns, die Verspannungsmuster in diesen heiklen Zonen aufzulösen, brechen wir dem Geschehen der Aggression und der Angst die Spitze. Selbst die Sinne können nun wieder frei werden.

9

Das Becken und die Angst

Der Fall Teddy - Arbeit an Becken und Schulter

Teddy hat alle Aufgaben eines Führhundes zu erfüllen. Sein Herr sorgt gut für ihn und besitzt selber schon gute Kenntnisse der Feldenkrais-Methode. Teddy ist ein vorzüglich ausgebildeter Airedale-Terrier, der nur deshalb zum Führhund ausgebildet wurde, weil sein jetziger Besitzer darauf bestand, so einen Rassenhund als seinen Begleiter zu haben. Terrierhunde werden getrimmt, verlieren ihre Haare nicht laufend. Dies war einer der Gründe für diese Wahl.

Wie ich schon erwähnte, erlitt Teddy mehrere Mißgeschicke mit umherfliegenden Gegenständen, die durch den Wind beschleunigt dahergefegt kamen. Teddy reagierte mit der Zeit übermäßig auf solche Ereignisse. Alles, was flatterte, wurde für ihn zur Bedrohung. Gleichzeitig hatte sein Halter vor diesen Situationen Angst und zog seinen eigenen Rumpf zusammen. Teddy ist aber ein sehr lebhafter und kooperativer Hund. Er ist gesellig und spielt und jagt gern mit anderen Hunden umher. Er trägt Revierkonflikte auf sanfte Art aus und ist einfühlsam.

Gleichzeitig mit seiner erworbenen Angst traten bei Teddy chronische Durchfälle auf, die der Sehbehinderte, den er führt, anfänglich kaum wahrnahm. Begleiter und Passanten machten ihn darauf aufmerksam. Teddy litt nicht besonders unter diesem Zustand.

Bei Durchfällen wird meistens der Fehler beim Futter gesucht. Spezialfutter und stopfende Medikamente werden verabreicht. Die Grundlage für Durchfälle ist aber oft eine stetige Angst mit all den Schutzmustern und damit einhergehenden Störungen. Bei Menschen sagt man, jemand habe "die Hose voll", wenn einer sich ängstigt. Wenn wir also Medikamente verabreichen, tun wir dies, weil wir annehmen, daß etwas mit der Chemie nicht stimmt. Wäre das chemische Problem wirklich das Einzige und Grundlegende, hätte die Diät und die medikamentöse Therapie tatsächlich die einzige zu sein.

Wir müssen uns aber stets fragen, welche Schwierigkeit hinter der biochemischen Funktionsstörung steht. Die Frage nach den Hintergründen lohnt sich. Es hat sich gezeigt, daß sobald wir bloß aufgrund von Vordergründigem behandeln, alles Krankheitsgeschehen die Tendenz hat, chronisch zu werden.

Der Hund reguliert aufgrund der sensorischen Informationen, die vorwiegend von den Muskeln und Gelenken ins Nervensystem gelangen, während unserer Behandlungen die Tätigkeit des Nervensystems neu. Somit befassen wir uns mit dem Hintergrund der Störungen, also mit der Steuerung der Funktionen. Mittels der Feldenkrais-Methode arbeiten wir über das Steuersystem.

Bei Teddy habe ich mir die Frage nach dem Zusammenhang zwischen seiner Angst mit den Schutzmustern und den Durchfällen gestellt. Ich kam darauf, daß sich beides gleichzeitig und eng verbunden entwickelt hat. Zusätzlich erkannte ich die unselige Teufelsspirale mit den wiederholten Unfällen, die dem Krankheitsgeschehen Auftrieb verlieh.

Zunächst galt es, diese Spirale von gegenseitigem Hochschaukeln zwischen Angst und innerer Fehlfunktion abzuschwächen. Ich schaute Teddy genau an. Sein Becken fiel mir am meisten auf. Das Kreuzbein war am Rutenende stark gegen den Boden gezogen - die Rute wurde starr gehalten. Der Unterbauch schien mit viel Kraft gegen die Wirbelsäule gezogen zu werden.

Das Becken war schmal gehalten, wobei die seitlichen Muskeln verhärtet waren und viel Spannungsarbeit verrichteten. Hüftgelenke und Lendenwirbel, sowie die Muskeln, die zu den Läufen führen, spannten stark. Das ganze Beckengebiet sah aus, als ob es aus Porzellan wäre. Ich zweifelte nicht, daß Teddys Unvermögen, die Verdauung zu regulieren, mit diesem sicht- und fühlbaren Zustand zu tun hatte.

Die Verbindung zwischen äußeren Erreignissen, den sich enwickelnden Verspannungen und den Schutzmustern aufgrund von Angst war bei Teddy besonders offensichtlich. Ich ahnte aber, daß zusätzlich Spannungen vorhanden waren, die nicht gesehen werden konnten.

Diäten eignen sich in solchen Situationen als Überbrückung, bis die größten Schwierigkeiten im Steuersystem behoben sind. Die Hintergründe des Geschehens haben aber Priorität. Diese dürfen wir nicht aus den Augen verlieren.

Bei Teddy galt meine Aufmerksamkeit der Funktion des Beckens. Was hat er für Möglichkeiten, seine Freiheit, Kraft und Leichtigkeit wiederzuentdecken? Ein Becken, das derart steinern aussieht, ist weder beweglich noch ist es fähig, Kräfte zu entwickeln. Das Becken ist die eigentliche Kraftzentrale des Hundes. Empfindet er dieses als kräftig und frei, fühlt er sich selbstsicher und stark. Er strahlt Kraft aus und steigt in der Rangordnung. Sein Flucht-, Unterordungs- und Aggressionsverhalten normalisiert sich bis zur Gelassenheit.

Echte Alphahunde müssen ihren Rang nicht ständig verteidigen. Ihr Auftreten strahlt Kraft aus. Diese kommt aus dem Becken, nicht vom Kiefer her.

Die Rangtieferen erkennen diese Dominanz sofort. Zeigt sich das Becken geschwächt, beginnen sofort wieder Rangkonflikte. Die Ausstrahlung des Beckens hat also eine mehrfache Bedeutung.

E *Machen Sie ein Experiment: Betrachten Sie bei Tieren, gleichwohl, ob es Hunde, Katzen oder Pferde sind, die Kraftausstrahlung des Beckens.*

Wieviel Kraft strahlt es aus?

Achten Sie dabei auf die Wirkung und nicht auf die äußeren Ausmaße. Es gibt schwabbelige und breite Becken, die keinerlei Kraft und Stabilität ausstrahlen und andere, die fein und zierlich sind und enorme Kräfte entfalten.

Sehen Sie auch verspannte Becken? Diese sind heute groß in Mode. Deren ganze Leistung wird aber intern verpufft. Dies ist eine delikate Art der Selbstzerstörung und Verschwendung. Unsere Augen sind heute gar nicht mehr darauf trainiert, diese Feinheiten der verspannten Becken wahrzunehmen. Wir sind es schon so gewohnt, daß die meisten Becken kaum mehr funktionieren.

Schauen Sie dann auf die Rangordnung dieser Tiere.

Falls Sie keine Tiere für Ihr Experiment zur Verfügung haben, betrachten Sie einfach die Leittiere von Herden. Bei Stalltieren oder zu eng gehaltenen Herden können sich leicht Ersatzordnungen einschleichen. Lassen Sie sich dadurch nicht fehlleiten. Damit Sie einen Blick für den Zustand des Beckens erhalten, wiederholen Sie dieses Experiment sooft Sie mögen bei verschiedenen Tierarten.

Teddy lag am Anfang während der Behandlungen oft auf der Seite. Ich tastete besonnen sein Becken ab und fühlte die Strukturen. Gegen die Kopfseite hin endet das Becken seitlich mit einem Knochenrand, dem Beckenkamm. Dieser ist bei Teddy breit und leicht vorstehend. Das Kreuzbein ist ein harter Knochen, welcher in der Verlängerung der Wirbelsäule liegt und mit dem Becken beinahe starr zusammengebaut ist. Zwischen dem Becken und dem Kreuzbein ist das kleine Ilio-Sakral-Gelenk, welches vor Jahren für fast alle unerklärlichen Kreuzleiden bei Menschen verantwortlich gemacht wurde. Diese Aussage war eine Modesache und wird heute relativiert. In der Tiermedizin herrscht zur Zeit die gleiche Ansicht vor, da beinahe alle Mode-Diagnosen der Menschen einige Jahre später in die Tiermedizin eingeschleppt werden. Das Kreuzbein bei Hunden steht aber, im Gegensatz zu dem von Menschen, waagerecht und erfüllt völlig andere Aufgaben.

Deshalb sind Diagnosen, die für Menschen gewisse Gültigkeit haben, für Tiere oft unbedeutend. Für unsere Behandlungen spielen Diagnosen dieser Art keine große Rolle. Diagnosen haben nur dann eine Bedeutung, wenn sie einen direkten, unmittelbaren Nutzen für die Behandlung haben, aufgrund derer das Weiterkommen des Tieres wirklich gefördert werden kann.

Teddys Kreuzbein war ziemlich schmerzempfindlich und leicht angeschwollen. Zwischen dem rutenseitigen, seitlichen Beckenende und den Rutenwirbeln ist wiederum eine weiche Stelle. Diese ungeschützten Stellen berühre ich sehr vorsichtig und dringe nie in sie hinein.

Diese Regel gilt für alle weichen Stellen. Wenn Ihr Hund vor Ihnen liegt, können Sie diese schutzlosen Areale sofort sehen. Sie sind auf der Halsunterseite, im ganzen Bauchbereich und seitlich zwischen Brustkorb und Becken. Dort liegen auch die verletzbaren, heiklen Teile wie Nerven und Blutgefäße verborgen. All diese Gebiete sind durch Muskelflächen nach außen abgegrenzt. Diese Muskeln werden stärker in alle Schutzmuster einbezogen als Bereiche, bei denen Knochen zusätzlichen Schutz für innere Organe bieten.

Bei Teddy waren diese weichen Areale besonders angespannt, so sehr, daß sich Schmerzen in Muskeln, Sehnen und Knochenansätzen einstellten. Knochenansätze sind die Verbindungsstellen zwischen den Sehnen und den Knochen. Die Sehnen sind die Verbindungsseile zwischen Muskeln und Knochen. Schmerzen also diese Ansatzstellen, deutet dies darauf hin, daß die daran angesetzten Muskeln zu intensiv daran ziehen. Diese Folge sehen wir meistens bei Verspannungen. Die Ansatzstellen sind schmerzhaft und leicht angeschwollen. Man sagt dann, sie seien entzündet.

Achten Sie auf die Kraft im Becken.

In der Folge sehen wir mindestens zwei verschiedene Verhaltensmuster. Eines ist, der Hund findet Wege und Möglichkeiten, die schmerzhaften Sehnen zu entlasten. Dabei neigt er sich auf die Gegenseite, zieht einen Lauf hoch, belastet ihn nur noch für kürzere Zeiträume und verdreht dabei Teile der Wirbelsäule. Wir sehen oft, daß Hunde nur noch ganz kurz eine Pfote aufsetzen, was wir als Hinken bezeichnen. Ein anderes Muster ist, falls der Hund diese Stelle nicht entlasten kann, da er dringend darauf angewiesen ist und andere Teile nicht kompensieren können, wird er versuchen, wenigstens die schmerzhaften Stellen so oft und so schnell es geht, durch alle verfügbaren Muskeln ruhig zu stellen.

Dies wirkt dann wie bei einer mit Heftpflaster zusammengezogenen Schnittwunde. Der Schnitt ist dann geschützt und zusammengepreßt, aber die Klebestellen stehen unter Zug. Der Hund tut dies natürlich innerlich, mit seinen Muskeln. Teddy tat es sehr kreativ, so daß kaum ein Hinken sichtbar war.

Ich untersuchte Teddys Becken weiter. Rutenwärts unter den ersten Rutenwirbeln liegt ein vorstehender, dominanter Knochen, das Sitzbein. Dort sitzen viele Muskeln und auf der hinteren Seite ertastete ich eine kleine Knochenfläche, die hart und ungepolstert ist. Darauf sitzen Hunde gewöhnlich. Ich schenkte nun meine besondere Aufmerksamkeit der Tiefe dieser Fläche. Einiges fühlte sich etwas starr, leblos und unharmonisch an. Teddy ließ alles ruhig geschehen.

E *Nun machen wir wieder ein kleines Experiment:*

Fühlen Sie die Rutenwirbel, die am nächsten beim Rumpf sind. Gehen Sie von dort aus zum Kreuzbein über und erforschen Sie dieses langsam und vorsichtig. Fühlen Sie nun einige Stellen des Kreuzbeins, indem Sie Ihre Hand weich, ruhig und flach darauflegen. Tasten Sie nicht mit den Fingerspitzen umher. Die Hand bedeckt mit der ganzen Innenfläche das Kreuzbein und fühlt, während sie daliegt. Alle Stellen der Handinnenfläche sind fähig zu fühlen.

Nach einer Weile lösen Sie langsam den Kontakt und legen die Hand auf den Beckenkamm und später auf das eine Sitzbein. Fühlen Sie dort die Struktur, die Umgebung und achten Sie auf das Innere des Hundes. Bewegen Sie Ihre Hand während des Fühlens nicht.

Was nehmen Sie wahr?

Zwischen den Sitzbeinen ist eine weitere weiche Stelle, die nicht knöchern geschützt ist. Diese soll nicht berührt werden, da Sie sehr empfindlich und verletzbar ist.

Schliesslich legen Sie sehr langsam Ihre Hand von einer Beckenstelle zur nächsten, bis Sie den ganzen Beckenbereich kennengelernt haben. Je deutlicher Sie arbeiten, und je inniger Sie dabei zu fühlen bereit sind, umso mehr lernen Sie von Ihrem Hund kennen.

Stellen Sie sich bei dieser Arbeit stets vor, daß der Hund all das von Ihnen mitgeteilt bekommt, was Sie selber von ihm fühlen. Lassen Sie ihm genügend Zeit dazu.

Die nachfolgenden Erläuterungen werden Ihre Experimentierphase abschließen und vervollständigen.

Berührungen sind Botschaften

Tiere haben nicht die gleichen Sprachmöglichkeiten wie wir Menschen. Sie können das vorliegende Buch nicht lesen. Unsere Worte führen häufig zu Mißverständnissen. Hunde kommunizieren mittels Bewegung, Mimik, Gestik und einigen Lauten. Berühren wir also einen Hund, wird er auf alle Fälle eine Botschaft daraus entnehmen und diese zu deuten versuchen. Nun produziert er eine Reaktion darauf - je nachdem, was er verstehen konnte.

Nach unserer Berührung können wir genauestens sehen und fühlen, was der Hund verstanden hat. Eine nächste Berührung haben wir folglich so zu modulieren, daß wir der Botschaft, die wir mitteilen wollen, näher kommen. Unsere neue Mitteilung beinhaltet zusätzlich die Aufgabe, den Unterschied zwischen dem Beabsichtigten und dem, was der Hund verstanden hat, zu verkleinern. So entsteht ein echter, nonverbaler Dialog.

Hundehalter vergessen oft die Tatsache, daß Tiere mit anderen Zeichen kommunizieren. Einige Beispiele dazu:

1. Ein Hund, der sich in einem unpassenden Moment vor lauter Aufregung unruhig, laut und nervös verhält, wird angeschrien. So kann er aber unmöglich lernen, ruhig zu sein. Vermittelt ihm sein Halter aber viel Ruhe und Gelassenheit, hat der Hund zumindest die Chance, in der nächsten Situation selber mehr Ruhe zu bewahren.
2. Ein Mensch, der gerade ißt und nicht gestört werden will, ärgert sich, daß sein Hund gerade seinen Schuh zerkaut. Er wirft völlig unbeherrscht, reflexartig und überraschend mit einer Bratwurst nach dem Hund. Der Hund schnappt die Wurst, rennt zur Seite und verspeist diese. Der Mensch hat nun seine Ruhe. Was hat dieser junge Hund daraus gelernt? Vor allem, daß er bloß einen Schuh zu zerkauen braucht, während der Mensch ißt — und schon kommt eine feine Wurst geflogen. Er wird sich also weitere Schuhe vornehmen wollen.

Fühlen Sie die Rutenwirbel.

3. Wenn ein Mensch einem Hungrigen ohne Worte mit dem Zeigefinger zeigt: “Dort auf dem Tisch in der Ecke ist dein Essen”, wird dieser hingehen und essen. Das ist in unserer Kultur ein klares Zeichen. Nicht aber für die Hunde, die Sichtzeichen nicht gelernt haben. Kommt nun ein sehr hungriges Tier durch dieselbe Türe herein - ein großer Hund oder gar ein Wolf - und wir verhalten uns genau gleich, so wird dieser höchstens unseren Finger abbeißen. Nun wissen wir sicher, daß dieses Tier unser Menschenzeichen nicht genau gleich verstanden hat wie wir.

Auch hier gilt wieder, die Reaktion auf unsere Zeichen genau zu beobachten, um beim nächsten Kommunikationsschritt neue, geeignetere Mitteilungen machen zu können. Wir können so das Ablaufen immer derselben Verständigungsschwierigkeiten vermeiden.

Unsere Berührungen und Botschaften beziehen sich auf die Feinheiten der Funktion und die Wirkungsweisen des Nervensystems. Sie sind aber viel delikater. Es gelten bei allen Kommunikationsschritten die gleichen Gesetzmäßigkeiten - im Großen wie im Kleinen - ob verbal oder nonverbal.

Ich war mir bei Teddy sicher, daß er seine Schutzmuster aufgrund seiner Angsterfahrungen aufbaute. Sicher war auch, daß er ohne diese schweren Verspannungen besser zu leben fähig wäre.

Welches waren nun die Botschaften? Teddy zog das Becken in Richtung Kopf und gleichzeitig zum Brustbein hin. Er tat dies sehr intensiv. Dies ist sehr anstrengend. Ich strich leicht und fein über seine Muskeln - nur einmal - und zeigte ihm dadurch, daß er diese stark spannte. Gleichzeitig vermittelte ich ihm, daß ich ihn dort nicht bedrohen werde.

Dann setzte ich mich etwas zurück - weit entfernt von seinem Rutenende - auf den Boden. Zunächst betrachtete ich Teddy, wie er auf der Seite lag. Ich sah seine zusammengezogene Lage.

Dann legte ich meinen Handballen auf sein Sitzbein und suchte einen klaren Kontakt zu finden. Diese Kontaktaufnahme führte zur Entlastung aller Muskeln, die vom Becken weg in Richtung Brustkorb, Brustbein und Schulter führen. Die Botschaft war: “Ich mache diese Haltearbeit für Dich! Du brauchst es nicht selber zu tun. Du kannst nun auf Deine Anspannungen zu verzichten, sobald du bereit dazu bist!”

Teddy hörte nun auf zu spannen und atmete tief in seine neuentdeckten Räume im Unterbauch. Er hatte aber die Tendenz wieder festzuhalten, sobald ich meine Hand wegnahm. Ich wiederholte diese Stützen noch einige Male und nahm meine Hand jeweils noch vorsichtiger und langsamer wieder weg. Schließlich konnte Teddy lernen, seine Muskeln ohne meine Hilfe loszulassen.

Ich brauche manchmal für diese Stützbotschaften meine beiden

Hände. Die eine Hand ist dann am Sitzbein, die andere am Beckenkamm. Manchmal sehe ich aber, daß die Stütztätigkeit im Lendenwirbelbereich irgendwo steckenbleibt und sich nicht bis zum Kopf fortsetzt. In diesem Fall stütze ich am Sitzbein weiter und gebe zusätzlich am entsprechenden Wirbel die Botschaft, daß es dort weitergehen kann. Unter der Stützarbeit verstehe ich einen Kontaktdruck von ca. 10 Gramm oder eine Verschiebung von Bruchteilen eines Millimeters.

Die Frage an Teddy ist: "Kann es bei allen Wirbeln weitergehen?"

Diese Frage wird natürlich von Hand und nonverbal gestellt, bis der Hund seine Einsicht und sein Einverständnis mittels jener kleinen Zeichen kundtut, die wir schon besprochen haben.

E *Bitte machen Sie nun die gleichen Experimente an Ihrem Hund. Ich habe dazu einige mögliche Fragen, die ich mir selber auch so stelle, wenn ich behandle.*

- *Ist das Sitzbein berührbar?*
- *Welches ist die kleinstmögliche Stützarbeit, die ich dem Hund anbieten kann, die er fühlt und auf die er antwortet?*
- *Wie läuft der Stützimpuls bis zum Kopf durch?*
- *Welche Stellen sind beteiligt?*
- *Was geschieht mit der Atmung?*
- *Welches sind die anderen Zeichen des Hundes?*

Teddys Verdauung normalisierte sich, sobald seine Beckenpartie wieder harmonisch und geschmeidiger arbeitete. Er lernte wieder loszulassen. Dies ging immer schneller, selbst nach neuen, angstauslösenden Situationen.

Nach kurzer Zeit legte ich einen großen Schirm neben Teddy und später auf ihn drauf. So konnte er lernen, seine Spannung auch unter schwierigen Bedingungen zu kontrollieren und zu regeln. Gleichzeitig bat ich Teddys Herrn, in den Situationen, die den Hund ängstigen, die Ruhe zu bewahren und zugleich mit der Hand Teddy zu beruhigen. Dies geht miteinander verbunden am besten.

Meistens genügten einige Berührungen. Manchmal mußte sich Ruedi, Teddys Halter, zwischen den Hund und das angsterzeugende Hindernis stellen, um etwas weniger Angst aufkommen zu lassen. Einen schönen Teil der Behandlung konnte Ruedi selber übernehmen. Er hatte sich genügend Kenntnisse der Feldenkrais-Methode angeeignet und bei mir die Kurse zur Hundebehandlung besucht. Eine solche Kooperation zwischen Tierhalter, Tier und Behandler hat den großen Vorteil, daß der Hund stetig weiterkommen kann und alle drei viel voneinander lernen.

Sie sehen nun die Zusammenhänge zwischen Muskelverspannungen und inneren Organen deutlicher. Ich glaube aber, daß beides ausschließlich im Nervensystem primär auf diese ganz bestimmte Weise gesteuert wird. Gleichzeitig gelangen die “Fehlsteuerungsimpulse” in die Tiefe und an die Oberfläche. Die Organe tun dann auf ihre Weise etwa das Gleiche, wie die Muskeln.

Arbeitsablauf

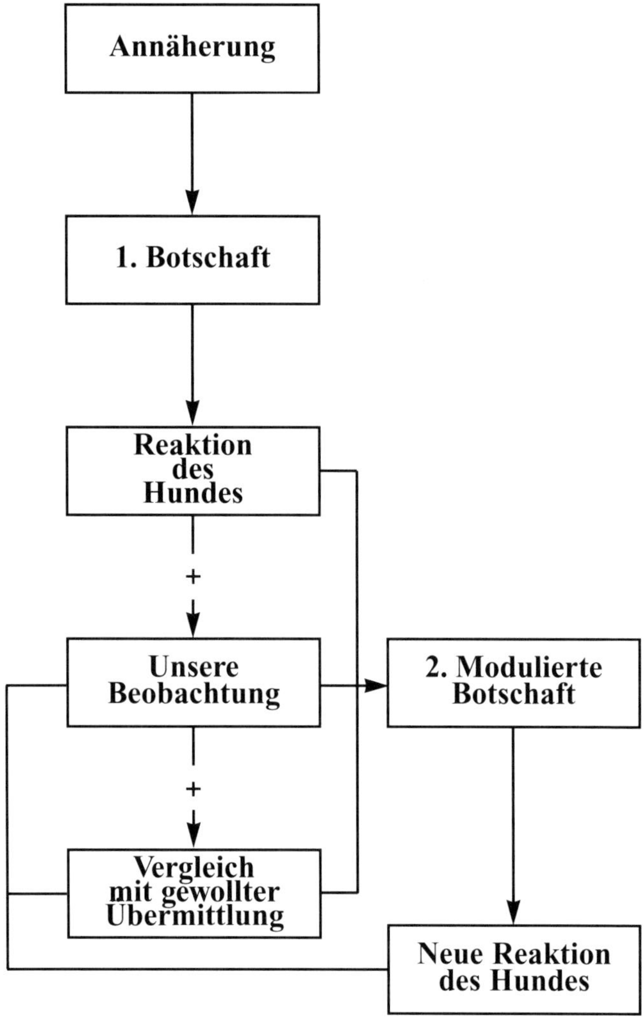

Verdauungsstörungen

Allzu oft wird in Fällen von Verdauungsstörungen die Rolle der Verspannungsmuster unterschätzt. Selbst langwierige Therapien mit Spezialdiäten und Medikamenten bringen nur vorübergehende Teilerfolge, wenn die Spannungen belassen werden. Schließlich ist es das nervliche Steuerungsmuster, das im mittleren Teil des Gehirns vorherrscht, welches zu den inneren Störungen führt. Hier gilt es wieder Verhältnisse herzustellen, die ein angemessenes Funktionieren des Tieres ermöglichen. Dieses äußere Funktionieren wird über die sensitiven Impulse zum Gehirn dazu führen, daß sich das gesamte Nervensystem anderer, angemessener Steuerungsmöglichkeiten bedienen wird. Sind einmal die behindernden Verspannungen behoben, müssen die neuen Muster in die Gesamtabläufe integriert werden.

Früher haben Ärzte noch mehr über die Zusammenhänge zwischen Schutzspannungen und Schwierigkeiten der inneren Organe gewußt. Sie hatten keine hochtechnischen Geräte und mußten sich auf ihre Sinne verlassen.

Wenn ein Mensch an einer akuten Entzündung der Gallenblase leidet, ist sein Bauch bretthart. Über dem Bereich der Gallenblase bleibt aber ein zweifingerbreites Stück der Bauchdecke extrem weich. Der Bauch wird dadurch unbeweglich gehalten und gleichzeitig wird das Gebiet der Gallenblase entlastet. Dies ist ein sinnvolles Anordnen von Schutzspannung und zeigt uns wieder die Zusammenhänge und die innere Organisation auf. Dies ist die biologisch adäquate Antwort der Muskulatur auf einen inneren Zustand.

Hat jemand akute Rückenschmerzen ist oft seine Verdauungstätigkeit gestört oder beinahe unmöglich.

All dies gilt auch für Hunde. Sie können sich vielleicht selber zurückerinnern, daß bei Infektionen, schweren Grippen oder Herzkrankheiten starke, schmerzhafte Verspannungen auftraten.

Alte Hochkulturen, die über innere Abläufe noch viel mehr wußten als wir, haben nach Scharlach, nach anderen Infektionen und nach Kinderkrankheiten die Rippen von Hand behandelt, um ihnen die notwendige Freiheit wieder zurückzugeben. Sie haben die Zusammenhänge zwischen den tieferen und den Teilen an der Oberfläche aufgrund langjähriger Beobachtungen erkannt. Diese Erkenntnisse hätten wenig genützt, wenn sie nicht geschickt in die Behandlungen eingebaut worden wären. Erkenntnisse haben in der Regel keinen großen Wert, wenn sie unser Handeln nicht entsprechend verändern.

Auch wir wollen versuchen, Hunde als Ganzes zu sehen, um sofort das Gesehene und Erkannte in unsere Arbeit einfließen zu lassen.

10

Arbeiten im Zentrum

Mollys Wirbel

Molly, eine schöne, langhaarige Hündin, wurde zu mir gebracht. Das Einzige, was ihre Halterin wußte, war, daß Molly mutmaßlich Krebs hat und man diesen aber nicht sehen kann. Die Hündin sah etwas apathisch und traurig aus. Sie verhielt sich zunächst sehr distanziert. Sie wollte sich von mir nicht berühren lassen. Dies akzeptierte ich.

Bevor ich zu behandeln beginne, schaue ich mir auch die Beziehungsperson etwas an, um möglichst viel über die Mitmenschen der Hunde zu erfahren. Diese Beziehungskonstellationen spielen eine viel größere Rolle als ein jeder anzunehmen gewillt ist.

Ich glaube, daß Molly in guten Händen ist. Trotzdem schien sie etwas zu leiden. Ihre Atmung war schwer und der Gang leicht hinkend.

Ich versuchte mich Molly anzunähern. Nach kurzem Betrachten berührte ich spontan ihr Schulterblatt. Sie hatte sich auf die Seite gelegt, direkt vor mich. Vielleicht ahnte sie, daß nichts Schlimmes passieren wird. Langsam fuhr ich über ihre Wirbelsäule, fühlte dabei einerseits die Atmung und andererseits die Dornfortsätze. Diese Fortsätze sind das Einzige, das wir unschwer von den Rumpfwirbeln spüren können. Sie waren sehr unregelmäßig angeordnet. Die Abstände dazwischen differierten stark. Einige dieser Fortsätze waren aus der Reihe, andere zeigten zur Gegenseite.

Ich berührte jeden Wirbel, schaute, welches seine momentane Freiheit in jede Richtung ist und wartete, bis ich das Gefühl bekam, meine Erkenntnisse dem Hund mitgeteilt zu haben.

Alle Bewegungen gegen die Bauchseite hin waren etwas härter als gewohnt. Im Brustbereich waren die Wirbel freier als in der Lendengegend. Als ich am Schluß meines Experimentierens mit meiner Hand wieder dorthin gelangte, wo ich angefangen hatte, fühlten sich diese Stellen schon viel freier an. Diese Beobachtung machen wir oft bei unseren Behandlungen. Wir mobilisieren die Gelenke nicht, aber trotzdem wird die Freiheit größer.

Was ist dabei geschehen? Der Hund hat seine Möglichkeiten erkannt, sein Selbstvertrauen ist größer geworden und sofort hat er einiges an Spannung weggelassen. Wir finden dann, daß die Wirbel beweglicher geworden sind. Beweglicher heißt in diesem Sinne: Die Widerstände wurden kleiner, wie wir dies bei Molly sehen konnten. Das Bewegungsausmaß ist stets von sekundärem Interesse und stellt sich mit der Zeit dem Individuum entsprechend ein, sobald die Widerstände kleiner geworden sind.

Ich achtete bei Molly auf die Leichtigkeit. Sie hatte gelernt, sich durchs Leben zu schleppen, alles als schwer und schwierig zu deuten.

Mollys Herrin hatte dieselbe Tendenz. Ihre Bewegungen hatten an Leichtigkeit eingebüßt. Die Vorstellung ihrer Tätigkeiten schienen assoziiert mit der Idee, daß diese Handlungen schwer sein müßten. Diese Verbindung zwischen einer Tätigkeit und der Vorstellung, daß diese schwierig sei, sah ich auch bei Molly deutlich. Es ist eine Gewohnheit so zu denken und zu handeln.

Molly konnte also zunächst entdecken, daß Tätigkeiten, wie zum Beispiel das Atmen, auch leicht sein können. Ihr Rumpf wurde während der ersten Behandlung sichtbar größer. Sie gewann an Innenraum. Sie ging nachher viel leichter und sah stolzer aus. Dies bemerkte ihre Herrin spontan. Die Leser diese Buches können das Gleiche erst nachvollziehen, wenn sie selber an den Wirbeln ihres Hundes experimentiert haben. Es entsteht eine ungewöhnliche Leichtigkeit.

E *Machen wir also das kleine Experiment, das ich beschrieben habe.*

Arbeiten Sie zuerst an Ihren Händen, bis diese weich und geschmeidig sind.

Gehen Sie mit dem Daumen und zwei weiteren Fingern zur Wirbelsäule Ihres liegenden Hundes. Tasten Sie langsam und vorsichtig einen vorstehenden Knochenhöcker, den Dornfortsatz und beobachten Sie gleichzeitig, welches dessen Tendenz ist.

Gehen Sie zu weiteren Wirbeln, um das Gleiche herauszufinden.

Diese Arbeit bedarf großer Ruhe, Feinheit und Besonnenheit. Es ist ein heikles, aber sehr lohnendes Experiment. Machen Sie diesen Dialog nur für kurze Zeit und tun Sie sehr wenig. Sie sollen sich und Ihren Hund damit nicht überfordern. Dermaßen feine Arbeit führt oft zur Überforderung beider Individuen. Sie müssen stets Pausen einschalten und sich selber reorganisieren.

Schließen Sie dieses Experiment ab, indem Sie wieder zu Ihrem Anfangspunkt zurückkehren. Stellen Sie sich einige Fragen. Seien Sie im Fragen kreativ und suchen Sie zusätzliche eigene Fragen.

- *Was haben Sie bei den ersten Berührungen spontan bemerkt?*
- *Waren Sie eher oberflächlich oder gingen Sie in die Tiefe?*
- *Haben Sie dem Hund Zeit gelassen, Ihr Gefühltes zu verstehen?*
- *Was für Bewegungstendenzen haben Sie erahnt?*
- *Haben beim Berühren der Wirbel bestimmte innere Organe reagiert?*

- *Was haben Sie am Ausgangspunkt vor Ihrer Behandlung bemerkt und was danach?*
- *Hat sich der Hund beruhigt?*
- *Waren die Bewegungstendenzen, die Sie erahnten, einseitig?*
- *Geht bei Ihnen das Erahnen zwangsläufig mit dem Bewegen einher?*

Arbeit an den Wirbeln.

Das Ziel vieler Tiertherapien ist es, im Rumpf Symmetrie zu erreichen. Tiertherapeuten deuten Asymmetrien als Ursache für Schmerzzustände. Ich habe bei Menschen und Tieren die Erfahrung gemacht, daß Schmerzen oft völlig verschwanden, die asymmetrischen Körperhaltungen, selbst, wenn Sie offensichtlich und krass waren, aber vorerst bestehen blieben.

Ein Hund kann nie ganz symmetrisch sein. Dies ergibt sich schon aus der Tatsache, daß seine inneren Organe - rechts und links - völlig unsymetrisch angeordnet sind. Wir wie auch Hunde sind aber fähig, Tätigkeiten auf beiden Körperseiten auszuüben. Wir müssen diese jeweils den Strukturen gerecht anpassen.

Durch die erhöhte Freiheit, die Molly erreichte, konnte das Nervensystem die Funktionen unmittelbar den Strukturen gerechter anpassen. Lunge, Herz und Bauchorgane erhielten wieder mehr Platz und konnten freier arbeiten.

Die Traurigkeit und die bedrückte Stimmung gingen verloren. Molly wurde lebhafter. Ihre Halterin arbeitete oft nach meinen Anweisungen mit dieser feinen Hündin. Ich bat Sie, dies nicht so schwerfällig, verbissen und präzise zu tun und auf ihre eigene Leichtigkeit während des Tages zu achten.

Im Rumpf laufen alle Aktivitäten der Extremitäten und des Kopfs zusammen. Deshalb ist das Behandeln der Mitte meistens besonders wichtig. So konnte Molly mit dem Hinken aufhören, sobald der Rumpf freier funktionierte.

Ich fragte mich schon oft, welche Bedingungen im Rumpf gegeben sein müssen, damit der Kopf mit all den Sinnesorganen gut arbeiten kann. Der Rumpf bietet die Basis für den Kopf. Schon mit der kleinsten Augenbewegung geht im Rumpf eine Spannungsänderung einher.

Sind aber Spannungen im Rumpfbereich fixiert, haben alle

Sinnesorgane und der Mund ihre Mühe, frei zu arbeiten. Bei Störungen der Sinnesorgane und der Aufnahmefähigkeit haben wir stets an den Rumpf zu denken. Ich weiß nicht, ob Molly wirklich Krebs hat. Ihre Probleme verschwanden mit der Zeit, sodaß nicht mehr danach gesucht wurde. Molly hat (k)einen Krebs.

Lesly und die Distanzlosigkeit

Eigentümlicherweise gehen emotionale Belastungen und psychische Probleme wie bei Menschen vor allem mit Störungen im Rumpfbereich einher. Seelische Störungen betreffen eher den Bauch.

Manche Menschen sind für Hunde derart belastend, daß Letztere wiederholt Krankheitssymptome aufbauen, die immer stärker werden. Schon etliche Male hatte ich es mit Hundehaltern zu tun, die ich für Hunde als "schwerverdaulich" empfand.

Teils sind es offensichtliche Probleme der Hundehalter, die das Leben der Hunde erschweren. Aggressionen gegen Hunde sind häufig bei Hundehaltern, die sich minderwertig fühlen. Diese versuchen, den Hund mit allen Mitteln zu unterdrücken und zu knechten. Diese Hunde leiden in der Regel weniger stark als jene, die aus zweifelhaften Motiven gehalten werden. Vor allem, wenn versteckte Hysteriker Hunde halten, haben diese Tiere stumm zu leiden. Deren ganze Energien werden abgezapft. Das Eigenleben wird den Hunden entzogen. Letztendlich werden sie tyrannisiert und durch Distanzlosigkeit geschädigt. Die Beziehung vom Hundehalter zum Hund ist zumindest dann grauenhaft, wenn keine Fremdpersonen zugegen sind. Das Motiv zur Hundehaltung ist egozentrischer Natur, die Liebe zum Tier deshalb unecht.

Für Laien und von außen betrachtet erscheinen diese Beziehungen eng und liebevoll. Für den Hund sind sie aber besonders gefährlich. Häufig tritt eine Abwehrschwäche auf. Krebserkrankungen sind die häufigen Folgen dieser Konstellation.

Ehepaare, die keine genügende Kommunikationsbereitschaft haben, sprechen oft über den Hund zum Partner. Auch dies ist ein krankheitserzeugendes Verhalten, da der Hund die Rolle des Mißbrauchten einnehmen muß.

Als Lesly zu mir gebracht wurde, bemerkte ich kaum, daß ihre Halterin hysterische Züge hatte. Die Rippen der Hündin waren brettig und schienen wie zusammengewachsen. Ich entschloß mich, die Wirbel und die Rippen zu untersuchen. Ich ertastete einzelne Rippen, um zu sehen, wie sie sich anfühlten, was in der Tiefe vorging und welche Tätigkeiten darin noch vorhanden waren. Die Drehbarkeit der Rippen, um deren eigene Achse ist erfahrungsgemäß die wichtigste Rippenbewegung. Ich fühlte diese während des Atmens, indem ich eine Hand auf den Rippenwinkel und die andere näher zum Brustbein legte.

Der Rippenwinkel ist ein kleiner Buckel im ersten Drittel der Rippe, von der Wirbelsäule aus gesehen. Mit der anderen Hand berührte ich die Rippe in deren unteren Hälfte. Beide Hände zusammen können so die Drehbewegung ausmachen. Dies braucht etwas Übung.

Ich legte meine Fingerlängsseite in die Zwischenräume der Rippen, fühlte, was dort geschah und wie sich die Atmung verhielt. Meine Hand mußte ich deshalb weich machen, um Lesly das Gefühl der Elastizität vermitteln zu können. Lesly fing an, ihre ganzen Innenräume aufzuplustern. Sie begann sich sichtlich wohl zu fühlen, fing an zu dösen und entfernte die Hinterläufe stetig mehr von den vorderen. Ich war begeistert über diese wunderbare Entwicklung.

Zu Beginn der nächsten Stunde stellte ich wieder die gleiche Leblosigkeit des Brustkorbes fest. Das Verhalten von Leslys Besitzerin, ihre Worte und ihr Gebaren ließen mich aufhorchen. Ich ahnte, daß ich es mit einer starken Hysterikerin zu tun hatte, die fähig war, ihre großen Probleme gut zu kaschieren. Ich konnte nur ahnen, woran Lesly zuhause litt und entschloß mich, Leslys Brustkorb nicht allzu weich und ungeschützt werden zu lassen. Es ging nun eher darum, diesen Panzer halbwegs zu belassen, und der Hündin ihre Kraft im Becken bewußt zu machen.

Dazu legte ich wieder meine Hand an ihr Sitzbein und stützte dort sehr konkret mit meinem fast ausgestreckten Arm. Wer sich in asiatischen Kampfphilosphien auskennt, weiß, daß dies dort “Transmission of power” heißt, was wir - schlecht übersetzt - als Kraftübertragung bezeichnen können. Ich hatte dabei mein Becken stabil und weit zu halten.

Ich riet Leslys Besitzerin diese Hündin nicht zu behandeln, obwohl sie von mir darin unterrichtet werden wollte. Bei dieser Konstellation ist das Behandeln durch die Hundehalterin kontraproduktiv. Wir wollen kein Öl ins Feuer gießen. Es hat sich als besser erwiesen, wenn Leslys Herrin während der Behandlung Kaffee trinken ging.

Verhalten sich Hundehalter(Innen) so wie Leslys Besitzerin, kann sich die Entwicklung des Hundes und dessen Wohlbefinden, das ihm die Behandlung bescherte, in kurzer Zeit wieder verschlechtern. Diese Hundehalter(Innen) beschweren sich dann lauthals, daß der Hund die angestrebte Verfassung nicht in kürzester Zeit wiedererlangen wird und stets ins Alte zurückfällt. Oftmals sind es die Menschen, die dermaßen zwiespältig und mehrdeutig sind, deren Hunde keine klare Richtung erkennen können. Dies schlägt sich in allem nieder, vor allem in der Bearbeitung von Problemen.

Wie ich schon betonte, ist das eigentliche Problem der Hunde das der Beziehungsperson. Dieses wird unbewußt auf den Hund übertragen und ist oft das hintergründige Motiv zur Hundehaltung. Menschen, die gewillt sind, sich selber unter die Lupe zu nehmen, können aber anhand des sanften Umgangs mit Tieren viel für sich selber profitieren und lernen, sobald sie ehrlich zur Selbsterziehung in eine gute Richtung bereit sind. Mensch und Hund werden dann unabhängige Partner, die sich große Achtung schenken.

Da es für mich nicht angebracht war, zusätzlich eine Hysterikerin zu behandeln, hatte ich mit Lesly zusammen einen hundegerechten Weg zu finden. Sie hatte vor allem Mittel zu entdecken, mit denen sie ihre eigenen Kräfte zu sammeln und zu bewahren fähig wurde. In vielen Lektionen, in denen ich ausschließlich mit Leslys Kraft arbeitete, gelang dies ausreichend.

E *Das nächste Experiment kann Ihnen deutlich machen, was ich meine.*

Kraftübertragung in verschiedenen Formen.

Versuchen Sie, bei Ihrem Hund mit gestrecktem Arm, Kraft auf sein Sitzbein zu übertragen. Der Arm ist dabeit leicht einwärts gedreht. Ihr Becken sitzt stabil, breit und voll. Es ist gut verankert. Fühlen Sie sich dabei ruhig wie ein Buddha und stellen Sie sich vor, daß Sie Kräfte übertragen. Beachten Sie auch wie Ihr Hund diese Kraft aufnimmt. Wiederholen Sie dieses kurze Experiment ein- bis zweimal jede Woche, bis Ihre Imagination bezüglich der Kraftübertragung klarer ist.

Erst, wenn Sie Ihre Klarheit darin erreicht haben, arbeiten Sie direkt an den Rippen. Versuchen Sie es bitte zunächst bei Ihren eigenen, um zu fühlen, wie sich dabei Ihre Hand resp. Ihr Zeigefinger anfühlt. Legen Sie diesen Finger zwischen zwei Rippen. Dort gibt es eine Furche, die gut geeignet ist, um einen Finger längs hineinzulegen. Fühlen Sie besonders genau, was in der Tiefe vorgeht und wie sich die Rippen verhalten.

Versuchen Sie dies zwischen mehreren Rippen zu tun. Sie werden Unterschiede feststellen können. Falls ein Hund einen wirklichen Panzer braucht, ist es nicht angebracht, mehr als ein bis zwei Rippenzwischenräume zu fühlen. Machen Sie wegen der Emotionalität dieser Bereiche wenige und nur kurzdauernde Experimente.

Ist Ihre Hand sehr weich, ist die Botschaft schon dadurch klar:

"Fühle, wie weich und leicht es sein kann und vergleiche."

Diese Übertragung braucht etwas Zeit und vor allem viel Feingefühl.

Folgen von panzerähnlichen Brustkörben

Bleibt der Brustkorb lange Zeit panzerartig festgehalten und verharrt er in dieser Lage, können Herz und Atmung Schaden nehmen. Ein Herz schlägt auch bei Menschen nicht gerne allzu lange gegen eine starre, brettartige Wand. Der Blutdruck verändert sich dadurch und die Atmung wird schwerer. Atemschwierigkeiten und Herzstörungen stellen sich ein. Wir denken auch hier wieder in Zusammenhängen. Die vorhergehenden Experimente eignen sich vorzüglich zur Behandlung von verspannten Brustkörben.

Viele Hundehalter haben sich darüber beklagt, daß ihre Hunde fast gar nichts mehr fressen und trotzdem stetig zunehmen. Ich achte bei meinen Betrachtungen gut darauf, wo sie dieses Fett ansetzen. Ich habe festgestellt, daß es oft Stellen am Rumpf sind, die zusätzlichen Schutz nötig haben. Ich nehme an, daß diese Verdickungen eine mögliche biologische Antwort auf ein partielles Gefühl der Schutzlosigkeit sind. Wiederum treten diese Fetthüllen eher bei Hunden, die in problematischen Beziehungskonstellationen leben und bei denen Distanzlosigkeit eine große Rolle spielt, vermehrt auf. Die meisten Distanzprobleme spielen sich heimlich ab.

Ich habe am Anfang dieses Buches das Beispiel des Mannes erzählt, welcher in kurzer Zeit mehrere Hunde durch Krebserkrankungen verlor. Solche Geschichten wiederholen sich unnötigerweise öfter als wir glauben. Ich weise darauf hin, daß die Einflußnahmen durch Menschen meist unbewußt sind und für Laien oft unerkannt bleiben.

Ich kann das Gesagte kurz zusammenfassen:

Unbewußte Beeinflussung und Distanzlosigkeit

Viele Hundeliebhaber stehen in dauernder Berührung mit ihren Vierbeinern. Sie vergessen, daß auch ihr Tier ein Distanzbedürfnis hat. Dem Hund wird so sein natürliches Umfeld arg beschnitten. Seine Bedürfnisse werden mißachtet, und er verliert Energie. Ich habe oft erlebt, daß gerade diese Hunde die größten Schädigungen aufweisen. Ein verantwortungsvoller Tierliebhaber kann mit seinem Feingefühl das Distanzbedürfnis seines Tieres abschätzen lernen und wird feststellen, daß einige wenige Berührungen am Tag völlig ausreichend sind — für ihn, bestimmt aber für den Hund. Ich empfehle, ausschließlich gezielt zu berühren, nicht unbewußt oder unsensitiv.

Krebserkrankungen treten oftmals bei Tieren auf, welche mit Menschen in unklaren Beziehungsverhältnissen zusammenleben.

11

Behandeln im Gleichgewicht

Prinz hat schwere Lähmungen

Als dieser stämmige Sennenhund zu mir kam, lag sein Autounfall schon seit mehr als neun Monaten zurück. Er wurde angefahren und erlitt dabei eine Plexusparese der rechten Schulter. Dies bedeutet, daß das Nervengeflecht des Schulterbereichs verletzt ist, und die Impulse von und zum Vorderlauf, aber auch zur Pfote, nicht mehr frei durchgehen können. Die Verbindung zur ganzen vorderen Extremität ist einseitig unterbrochen. Weder die motorische Ansteuerung, welche die Befehle vom Zentralnervensystem zu den Beinmuskeln leitet, noch die sensitiven Bahnen, die dem Tier alle Informationen aus der Peripherie vermitteln, sind intakt.

Prinz hatte bei diesem Unfall die Besinnung verloren, der Schädel war gebrochen und der Arzt diagnostizierte eine Gehirnerschütterung. Prinz konnte seine rechte Pfote nicht mehr auf den Boden stellen, er hielt sie hochgezogen, sie war stetig ungefähr vier Finger breit vom Boden entfernt. Seine anderen Teile waren sehr geschickt organisiert. Prinz stand ausschließlich auf drei Beinen und fühlte sich dabei recht wohl. Er kompensierte seine Erschwernisse meisterhaft. Er konnte alles tun, was er wollte und fast überall hingehen.

Seinem Besitzer mißfiel dieses dreibeinige Gehen sehr. Er bat mich zu versuchen, den vierten Lauf langzuziehen, denn er glaubte, daß hier etwas zu kurz geworden sei. Er brachte diesen wunderschönen, gutmütigen Hund aus weit über tausend Kilometern zu mir, war etwas in Eile und wollte die Beinverlängerung bis zum Boden sofort bewirken lassen. Prinz's Herr wußte nicht, daß viel mehr gelähmt war als man sich am Anfang vorstellte.

Einerseits waren da die Lähmungen im Schultergeflecht und andererseits gab es welche, deren Grundlage das verletzte Gehirn war. Was ich bei Prinz sah war eine Mischung dieser beiden Lähmungsarten. Einen dritten Einfluß hatten die Läsionen und Schmerzen, die oft in der Lage sind, Körperteile dermaßen zu hemmen, daß diese nicht mehr gebraucht werden können. Dieser Zustand sieht dann aus wie eine teilweise oder eine totale Lähmung.

Ich gebe ein Beispiel dafür: Kleinkinder, die an der Hand gehalten werden, lassen sich manchmal plötzlich fallen. Dabei kann es geschehen, daß das obere Gelenk der Speiche ausgerenkt wird. Augenblicklich ist der ganze Arm bis zur Schulter gelähmt, hängt herunter und ist zu nichts mehr zu gebrauchen, bis das Gelenk wieder eingerenkt ist. Gelingt dies, ist der Arm im selben Moment wieder voll funktionstüchtig. Dies sieht wie Zauberei aus.

Daraus leitet sich die Gesetzmäßigkeit ab, daß selbst kleinere Läsionen zu großen Lähmungen Anlaß geben können. Diese Erkenntnis ist alt und erprobt. Sie wird aber in der heutigen Medizin meistens ignoriert.

Prinz tat sich ab und zu schwer. Er hatte oft Mühe, das Gleichgewicht herzustellen. Ich durfte ihn nicht anschubsen, weil dies ihn unsicher machte. Gab ich nur einen leichten, seitlichen Druck, während ich anfing, ihn zu untersuchen, machte er sich ziemlich steif und fing an sich zu wehren. Er hatte schon ziemliche Angst, aus dem Gleichgewicht gestoßen zu werden. Ich erkannte, daß ich niemals sein Vertrauen gewinnen konnte, falls ich in Prinz diese Unsicherheitsgefühle auslöste. Ich achtete folglich streng darauf, trotz meiner Untersuchungen und Experimente zu versuchen, Prinz's Gleichgewichtslage noch klarer und präziser zu finden und zu definieren. Diese Arbeit ist mit dem Umgang mit einem Serviertablett zu vergleichen. Mit dem Serviertablett in der Hand muß man ausgleichen und es schräghalten, bevor man in die nächste Kurve rennt. Damals übte ich all diese Ausgleichsreaktionen, indem ich mit Tellern, die mit Wasser gefüllt waren, über immer schwierigere Strecken ging. Dies brachte mir viele Hinweise für die Arbeit mit Prinz. Es sind ja immer mehrere Teile an so einem komplexen Gleichgewichtssystem beteiligt, davon müssen wir alle im Auge behalten. Deshalb rate ich Ihnen selber, auch mit Tellern, Serviertabletts, Wasserflaschen und Kugeln zu experimentieren.

Bei Prinz war das ganze vordere Viertel stark zusammengezogen, Kopf und Brustkorb schienen wie mit unsichtbaren Seilen eng zugegurtet. Dazwischen lag die Schulterpartie. Sie sah aus wie eingepreßt. Neben den Lähmungen waren also viele Schutzspannungen zu sehen. Einige Strukturen waren sicher sehr überaktiv. Bei diesen konnte man sich fragen, welche Freiräume vorhanden und ob alle Verspannungen nötig waren. Ich untersuchte und experimentierte so, wie ich es in den vorhergehenden Kapiteln beschrieben hatte, an Schulterblatt, Rippen und Wirbelsäule. Ich erahnte dabei die Freiheit eines jeden Teils, in allen Richtungen. Danach hatte Prinz sichtlich mehr Raum und seine "Seile" wurden länger. Noch in der gleichen Lektion nahm ich seinen Kopf und legte ihn in meine Hände. Dies erfordert viel Ruhe und sanfte Hände. Prinz lag dabei auf dem Bauch. Ich suchte zunächst jene Lage, in der sein Kopf am spannungsfreisten und bequemsten sein konnte. Langsam versuchte ich herauszufinden, in welche Richtungen Prinz den Kopf selber bewegen würde. Ich ließ ihn in diese Richtung gehen und begleitete ihn auf diesem halben Millimeter. Dabei ließ ich den Kopf völlig frei und übernahm nur sein Eigengewicht. Ich stützte also solange, bis der Hund mir das ganze Kopfgewicht übergab. Sie haben gemerkt, daß ich mit zwei Aufgaben beschäftigt war. Einerseits stützte ich, sodaß alle Muskeln, die den Kopf gegen die Schwerkraft halten müssen, aufhören zu arbeiten. Andererseits balancierte ich ihn in einer räumlichen Lage, in der keinerlei Kräfte wirksam sind. Dies tat ich, bis ich fühlte, daß Prinz die Muskeln, die seinen Kopf bisher festhielten, loslassen konnte und sich dessen bewußt war. Ich achtete auf die delikatesten Zeichen. Er fing an, seine Atmung gleichmäßiger zu verteilen und döste leicht.

E *Für das Experiment, das ich soeben beschrieben habe, ist es wichtig, daß Sie vorerst Ihre eigene Ruhe und Stabilität finden können. Wenn Sie instabil sitzen und somit rasch ermüden, brauchen Sie unbedingt Pausen, um sich zu reorganisieren. Arbeiten Sie kurz und innig - so können Sie früher und klarer die Unterschiede erfühlen, die sich einstellen.*

Stellen Sie sich eher nachträglich Ihre Fragen. Während der Berührungen sind Sie vielleicht mit anderem beschäftigt. Ich habe hier nur zwei der möglichen Fragen für Sie aufgeschrieben:

- *Waren Sie und Ihr Hund völlig im Gleichgewicht und der Kopf des Hundes in einer räumlichen Lage, in der die Anspannungen minimal waren? - Dann haben Sie den neutralen Punkt gefunden.*
- *Hat Ihr Hund sein ganzes Kopfgewicht in Ihre Hände gelegt?*
- *War in der Folge etwas an den anderen Teilen zu sehen?*

Die Kopfarbeit hat bei Prinz dazu geführt, daß er im Ellbogen und in der Pfote weniger krasse Beugespannung hatte.

Kopfarbeit.

Ich habe meinen Lesern nun fast den Inhalt einer ganzen Stunde zugemutet. Am Schluß dieser ersten Lektion stand Prinz da. Ich stützte, so wie ich den Kopf gestüzt hatte, nun auch den Rumpf an verschiedenen Stellen. Sie wissen aus früheren Beschreibungen, daß ich wartete, bis Prinz sein Gewicht in meine Hand übergab. Sie wissen auch, daß ich eine räumliche Lage suchte, in der Prinz im neutralen Bereich ungestört und spannungsfrei stehen konnte. Lassen Sie sich Zeit, all dies zu finden. Tun Sie es bei Ihrem Hund!

Früher habe ich diese Arbeit "Equilibrieren" genannt - ein grauenhaftes Fremdwort. Wir finden lieber das Gleichgewicht im täglichen Umgang mit Hunden auf eine sanfte Art, statt uns derartige Worte zu merken.

Prinz's Hundehalter bemerkte, daß die lädierte Pfote den Boden schon berührte. Prinz ließ selbst beim Gehen nun die Pfote zu Boden.

Die nächste Stunde verlief oberflächlich gesehen anfangs wie die erste. Prinz war nun in der Seitenlage. Der Unterschied war, daß ich mich mehrheitlich mit den Zusammenhängen zwischen Wirbeln und Schulterblatt und zwischen Rippen und Nackenpartie befaßte. Der Hundehalter schlief dabei fast ein, vielleicht dachte er, daß ich nun wieder das Gleiche tun werde. Meine Hände lagen fast an denselben Stellen, aber meine Experimente waren völlig andere. Die Aufmerksamkeit richtete sich auf jene Zusammenhänge und Funktionen im Rumpfgebiet, welche die Grundlage dazu bieten konnten, die Spannung im Vorderlauf zu modulieren. Im Rumpf können Bedingungen herrschen, die das freie Funktionieren des Laufs zulassen oder verhindern. Alles ging nun etwas schneller als in der ersten Lektion.

Arbeit mit dem künstlichen Boden

Prinz war genügend frisch und aufnahmefähig, daß ich einen Schritt weitergehen konnte. Ich nahm ein kleines Brett und fing an, die Pfotenunterseite damit zu berühren. Ich versuchte zu sehen, welche seiner Zehen am aktivsten und unter welchen Umständen Prinz fähig war, zu stützen und zu stoßen. Wenn wir bei Hunden mit einem Brett die Ballen kontaktieren, sehen wir meistens, daß sie, wenn der Lauf fast gestreckt ist, anfangen gegen das Brett zu drücken. Prinz war aber gelähmt und konnte dies kaum tun. Es war meine Absicht zu sehen, inwiefern er es tun konnte und welches seine Bedingungen in allen Teilen dazu waren. So konnte ich abschätzen, ob er sein Gewicht überhaupt zu tragen vermochte. Ich stimulierte die Fußsohle für einige Zeit und hatte viel Geduld mit Prinz. Die Stützreaktion war sichtbar. Es fehlte Prinz aber zur Zeit die Kraft, um seinen Körper auf diese Pfote zu stützen. Immerhin haben Hunde beim Gehen über dreißig Prozent ihres Gewichts kurzzeitig auf die eine Vorderpfote gestützt.

Was war also zu machen? Ich wußte nicht, ob die Lähmungen die Belastung beider Vorderläufe je wieder zulassen würden. Zur Zeit meiner Untersuchung war so ein Ziel jedenfalls außer Reichweite. Dadurch daß Prinz nun seine Pfote wieder auf den Boden stellen konnte, hatte er gute Voraussetzungen, um den Vorderlauf wieder zu gebrauchen, sobald sich die Lähmungen zurückentwickeln würden. Es war auch die Idee meiner Arbeit, gute Bedingungen zu schaffen für den Fall, daß die Natur Funktionen wieder freigeben würde. Gleichzeitig mußte ich mit Prinz zusammen aussortieren lernen, welche Schutzspannungen teilweise noch nötig sind und welche irrtümlicherweise beibehalten wurden. Ich mußte also erspüren, welches die freien Möglichkeiten in dieser Situation waren.

Während ich mit dem Brettchen weiter experimentierte, hatte ich das Gefühl, daß wenigstens ein Teil der Probleme mit der Hirnverletzung zu tun hatte. Es waren Spasmen vorhanden, die nicht viel mit der Plexusparese zu tun hatten. Prinz reagierte gut auf unsere Arbeit. Immer klarer versuchte er, das Brettchen zu drücken, und er streckte seinen Vorderlauf mehr und mehr. Ich veränderte die räumliche Lage des Brettchens, damit Prinz die Gelegenheit hatte, in verschiedenen Stellen der Pfote Druckkräfte zu empfinden. Dies tat ich deshalb, weil beim Gehen die Pfote in jedem Augenblick in einer anderen Beziehung zur Mitte des Hundes steht. Es nützt also wenig, wenn ein Hund nur in einer bestimmten Lage fähig ist, seine Pfote zu belasten.

In den drei ersten Behandlungslektionen machte Prinz stetige Fortschritte. Er fing an, seine Möglichkeiten bezüglich Freiheit und Kraft zu nutzen. Sein Gesichtsausdruck wurde fröhlicher und lebendiger.

Für Leser, die sich schon mit Krankengymnastik befaßt haben, mag das Arbeiten mit dem Brettchen sonderbar paradox erscheinen. Üblicherweise werden die Teile, die jemanden zu kurz dünken, stets in die Länge gezogen. Ich tat aber eher das Gegenteil. Dadurch, daß ich für Prinz den unnötigen Kraftaufwand übernahm, konnte er auf seine Spannungen verzichten und der Lauf verlängerte sich selbst. Das Brettchen ist dabei der Ersatz für den Boden. Man kann damit die Organisation des Stehens lernen.

Hätte ich am Lauf gezogen, wäre dieser vermutlich auch weiter gegen den Boden gekommen, aber die Muskeln wären dabei erfahrungsgemäß immer steifer und härter geworden. Dies hat für den Hund erhebliche Nachteile.

Prinz's Herr nahm Prinz nach dieser halben Woche wieder nach Hause und blieb mit mir in telefonischem Kontakt.

Ein Brettchen ersetzt den Bodenkontakt.

Er erzählte mir oft davon, daß die Pfote nun auf dem Boden stehen kann und sich Prinz sogar auf diese Weise ausruhe. Den gelähmten Lauf konnte er teilweise belasten. Es schienen sich zusätzlich epileptische Anfälle zu entwickeln, die aber glücklicherweise sehr harmlos verliefen. Vielleicht begannen diese schon unmittelbar nach der Hirnverletzung.

Epilepsie

Eine gewisse Disposition zur Epilepsie bringt ein Hund oft schon aus seiner Zuchtlinie mit, doch diese bestimmt nie das ganze Geschehen. Ob in der Folge die Krankheit ausbricht oder Anfälle sich gar chronisch wiederholen, dafür sind noch etliche weitere Faktoren verantwortlich. Wechselnde Beziehungskonstellationen, Revierkonflikte und öfterer Wechsel der Beziehungspersonen oder des Umfelds ertragen gerade diese Hunde sehr schlecht. Die Epilepsie tritt oft im Zusammenhang mit jenen Ängsten auf, die mit Trennungskonflikten und weiteren, oft banalen Veränderungen einhergehen.

Durch das Auflösen des Verhaltensschemas der Angst können in vielen Fällen die Anfälle reduziert, vielleicht sogar soweit unter Kontrolle gebracht werden, daß sie keinen Anlaß mehr zu Störungen geben.

Tulla hat Epilepsie

Tulla, eine zarte, schmale Retriever-Hündin, hatte schon zwei große epileptische Anfälle erlitten. Ihre Halterfamilie fuhr regelmäßig an Wochenenden ins Ferienhaus nach Italien und gab Tulla jeweils für zwei bis drei Tage ins Tierheim. Dies schien Tulla nicht besonders zu behagen. Nach jedem dieser Wochenenden war sie sehr nervös und angespannt und erlitt anschließend zuhause kleinere Anfälle. Ich machte die Besitzer auf den Zusammenhang zwischen Trennungsproblemen und Anfallsdisposition aufmerksam.

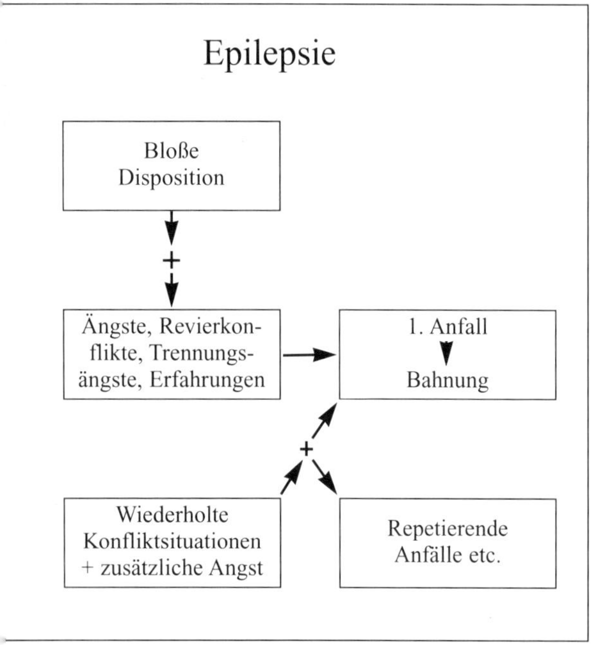

Tulla wurde zu mir gebracht, damit sich dieses feine Wesen wieder entspannen konnte. Dies war das eigentliche Motiv der Hundehalterin.

Ich arbeitete ausschließlich

im Gleichgewicht. Dies sollte stets neu entdeckt, klarer definiert und wiederhergestellt werden. Epilepsie hat mit Disharmonie der Hirnhälften zu tun, was sich selbstverständlich in den Körperhälften ausdrückt. Der Hund ist nach den Anfällen, welche von einigen Hundehaltern mit etwas Koffein in Grenzen gehalten werden, wieder ins Gleichgewicht zu bringen. Die Anfälle hinterlassen unter anderem Spuren in Form von Verspannungen, welche oft Jahre danach noch zu sehen sind - was wiederum Nährboden für neue, epileptische Krisen bietet.

Während des nächsten Urlaubs, der etwas mehr als eine Woche dauerte, ereignete sich wieder eine große epileptische Krise. Danach wurde die Hündin vom Tierarzt eingeschläfert. Trotz starker Medikamente konnte sie sich nicht mehr ganz vom Anfall erholen.

E *Während Ihrer Experimente haben Sie bemerkt, daß es verschiedene Gleichgewichtsgefühle gibt, je nachdem, ob der Hund sitzt, steht oder ob er liegt. Im Stehen ist uns die Bedeutung des Gleichgewichts am geläufigsten: das Gewicht ist auf alle vier Pfoten gleichmäßig verteilt. Der Hund ist stabil, ohne Kraft zu verbrauchen, und er ist derart beweglich, daß er ohne jeglichen Aufwand blitzschnell in jede beliebige Richtung reagieren kann. Spielen Sie nun selber langsam und delikat mit diesem Gleichgewicht, indem Sie kleinste Bewegungen innerhalb des Neutralbereichs ausführen. Dies ist Millimeterarbeit. Tun Sie es zuerst bei sich selbst, dann bei Ihrem Hund.*

Wenn aber der Hund liegt, ist die Idee "Arbeiten im Gleichgewicht" eine andere. Der vor Ihnen liegende Hund, den Sie berühren oder dessen Lauf Sie heben und behandeln, sollte durch Ihre Handlungen nicht aus dem Gleichgewicht gebracht werden. Dies heißt, daß sich der Hund absolut sicher fühlt und sich nicht wehren muß, um seine Neutralposition im Liegen beizubehalten - jene Position, also, die wiederum die gleichen Bedingungen der Stabiliät, Kraftfreiheit und Beweglichkeit zu allen Seiten hin garantiert.

Versuchen Sie nun, mit diesem Gleichgewichtsgedanken auch beim liegenden und stehenden Hund zu experimentieren.

Das Gleichgewicht in verschiedenen Lagen.

12

Behandeln in Zusammenhängen

Churchill hat den Fuß verletzt

Churchill, einer der kräftigsten, tiefschwarzen und ausdrucksvollsten Labrador-Rüden, die ich je sah, hat sich in jungen Jahren den Fuß schwer verstaucht. Er fing an zu hinken und tat dies immer wieder. Ich untersuchte Churchill, der nicht einmal zweijährig war. Er war etwas ruhelos, wollte umhergehen und brauchte seine Distanz zu mir. Ich ließ ihn dies vorerst tun, bis ich wußte, wieviel Abstand er brauchte und wie er Vertrauen zu mir gewinnen konnte. Zunächst habe ich in verschiedenen Ecken des Raums versucht, mit ihm in einen Dialog zu kommen. Meistens bevorzugen Hunde einen gewissen Bereich im Raum. Dort ist es einfacher, mit der Arbeit zu beginnen. Nach einigen Versuchen gelang dies. Meine Einstellung war es, Churchill dabei die Zeit für die Annäherung und Kommunikationseröffnung zu geben und zuzuwarten, bis er selber auf diese Idee kam.

Meine Experimente zeigten, daß Churchill weder fähig war, die Pfote ganz zu beugen noch sie zu strecken. Was mir aber am meisten auffiel war, daß die Drehungen in Hand- und Ellbogengelenk völlig ausgefallen waren. Diese Einschränkung hatte Folgen für den ganzen Lauf, aber auch für den Rumpf.

Das Fühlen der Pfotendrehung kann in verschiedenen Lagen erfolgen.

Ich werde in diesem Kapitel im Detail erklären, wie dies bei Churchill aussah, wie der Zusammenhang zwischen der Pfotendrehung und den Rumpfbewegungen ist und wie Churchill dies neu arrangieren lernte. Wir haben es also mit vielen Zusammenhängen innerhalb des Hundes zu tun.

E *Experimentieren Sie selber mit Ihrem Hund, so daß Sie leichter sehen und verstehen können. Nur was Sie in die Hände nehmen, können Sie auch wirklich begreifen.*

Churchill legte sich schließlich auf die Seite. Die verletzte Pfote lag über der anderen. Sie fühlte sich etwas leblos an. Als ich vorher seinen Gang beobachtet hatte, sah ich, daß verschiedene Laufbewegungen starr wirkten. Hielt er diese Teile auch im Liegen still? Ich versuchte, jene Möglichkeiten zu fühlen, die noch intakt waren. Eine leichte Drehbewegung der Pfote war vorhanden. Diese war aber beim Gehen kaum sichtbar. Ich stellte mir vor, daß beim Belasten die Pfote sich noch starrer verhielt als im Liegen - dies bemerken wir oft.

Beobachten Sie Ihren Hund während er in seinem gewohnten Schrittempo geht. Sie werden feststellen, daß sich die Läufe dabei innerlich leicht verdrehen und gleichzeitig sich der Brustkorb auf eine Seite leicht biegt und etwas verdreht.

All diese Bewegungen gehören zusammen ins Gehmuster und sind als Einheit im Nervensystem verankert, ebenso wie die Hinter- mit der Vorderhälfte harmoniert. Die Freiheit der Teile des Rumpfes ist die Voraussetzung für die Drehung der Pfote. Gleichviel wie sich die Pfote zu drehen vermag, müssen proportional auch die Teile am Rumpf von ihrer Freiheit dazu beitragen. Der ganze Hund bewegt sich stets als Einheit. Arbeitet ein Teil dieser Einheit nicht ordentlich, sind alle Teile dieses Gesamtprogramms gestört oder können ihre Tätigkeiten auch nicht mehr verrichten.

Geschieht ein Unfall, nach welchem eine bestimmte Bewegung nicht mehr zugelassen werden kann, sind auch alle entsprechenden Teile, die zu diesem Aktionsmuster im Zentralnervensystem gehören, in einer bestimmten Weise behindert. Im Rumpfbereich sind die Einschränkungen kleiner und werden meistens nicht sofort gesehen. Therapien, die sich bloß auf einen Teil des gesamten Musters beziehen, um dort etwas zu verändern, sind oft mit wiederholten Rückfällen verbunden, da die anderen Komponenten des Musters so belassen werden wie sie sich nach dem Trauma entwickelten.

Churchill's Veränderungen der Rumpfmuster waren deutlich. Seitneigung und Drehung des Rumpfes waren schwerer geworden.

E *Sie verstehen mehr davon, wenn Sie selber ein kleines Experiment machen.*

Sie können dabei fühlen, wie sich die Drehbewegung des Vorderarmes um seine eigene Achse anfühlt. Stellen Sie sich bequem hin und nehmen Sie einen Stock in die linke Hand. Ordnen Sie den linken Unterarm waagrecht nach vorn gestreckt und den Oberarm senkrecht am Rumpf entlang ein. Alle anderen Teile lassen Sie weich, bereit zum bewegen. Die eine Spitze des Stockes zeigt nun gegen den Himmel und die andere zum Boden.

Drehen Sie nun Ihre linke Hand so, daß das bisher untere Ende nach oben zeigt. Dies tun Sie, indem Sie die Hand drehen, lassen Sie sie geschlossen und den Oberarm beim Rumpf. Sie können im Uhrzeigersinn drehen und in die andere Richtung. Die eine davon geht leichter. Geben Sie aber auf Ihre Nase acht.

Sie können Ihre Rumpfaktionen, die Sie täglich einige tausend Male machen, sehen und fühlen. Nun wissen Sie, wie bei Ihnen die Zusammenhänge sind.

Beobachten Sie diese nun bei Ihrem Hund und achten Sie auf die Unterschiede. Nehmen Sie seine Pfote sehr sanft in Ihre halboffene Hand und sehen Sie, wieviel der Hund von selbst zu drehen fähig ist. Lassen Sie nun den Hund ruhen und experimentieren Sie selbst.

Selbst bei Menschen verändert die Handdrehung alles, sogar die Belastung der Fußsohlen.

Knien Sie auf den Boden und stützen Sie die Hände flach darauf. Die Arme sind nun fast gestreckt und senkrecht. Auch die Oberschenkel sind vertikal.

Drehen Sie nun Ihre rechte Hand auf den Boden so, daß Ihre Fingerspitzen mal von Ihnen weg zeigen, mal gegen Ihre Knie und mal nach außen. Die Handinnenfläche hat dabei stets vollen Kontakt mit dem Boden. Wird Ihnen nun klarer, was mit dem Rumpf in dieser Lage geschieht? Diese Aktivität ist etwa mit der des Hundes zu vergleichen. Haben Sie das ganze Muster erfaßt? Auch in Ihrem Nacken, Becken, Schulterblatt? Haben Sie ganz bestimmte Bewegungen vollzogen, die zur Handdrehung gehören? Haben Sie diese herausgefunden und auch beim Hund begriffen, dann können Sie mit den Experimentieren am Hund beginnen.

Ich kann nicht genau sagen, weshalb ich Churchill zuerst am Becken berührte. Es schien mir ein sicherer Zugang zu sein. Ich fing an, am Sitzbein und am Beckenkamm gleichzeitig zu stützen. Dies mochte Churchill sehr. Die winzige Bewegung, die dabei sichtbar wurde, gehört zum Muster der Pfotendrehung und konnte von Churchill wiedererkannt werden. Er schien sie vergessen zu haben. Somit war seine Pfotendrehung vom Becken aus aktiviert. Aber was war dazwischen? Die Teile, welche zwischen Schulter und Hüfte liegen, waren etwas unbeholfen und eingezogen.

Wie in den vorhergehenden Kapiteln arbeitete ich an Wirbeln und Rippen. Dabei hatte ich stets die Funktion der Pfotendrehung im Blick. Die Arbeit am Rumpf hatte in deren Dienst zu stehen. Stets bedacht, das Rumpfmuster des Hundes, welches ein Teil der peripheren Pfotenbewegung ist zu ahnen, experimentierte ich in winzigen Schritten. Der Rumpf gewann etwas an Raum. Churchill begann dort tief hinein zu atmen.

Nun war das Schulterblatt in den Gesamtplan einzubeziehen. Ich wollte mit der Vor- und Zurückbewegung experimentieren, doch schien diese nicht verfügbar zu sein. Nun versuchte ich zu sehen, ob Tendenzen zum Auf- und Abbewegen vorlagen. Diese Bewegungen stehen rechtwinklig zu den gesuchten Komponenten. Nach wenigen Versuchen erahnte ich Churchills Tendenz, begleitete diese, während alles leichter und beweglicher wurde. Wunderbarerweise war nach diesem Experiment auch die ursprünglich gesuchte Bewegung in alle Richtungen frei.

Ich habe nie versucht, Churchills Pfote zu drehen und zu mobilisieren. Nach der ersten Lektion konnte er sie beim Gehen wieder gut und leicht einsetzen und drehen. Nur einige Male machte ich Churchill auf seine neugewonnene Möglichkeit aufmerksam, indem ich ihn sanft berührte. Ich glaube nicht, daß es vorteilhaft gewesen wäre, Churchill am Vorderlauf zu berühren, denn dort war seine traumatisierte Stelle, mit all den schmerzhaften Erinnerungen. Dies hätte schiefgehen können.

Wir wissen nicht in allen Teilen, wie so etwas funktioniert. Sie werden mit der Zeit aber lernen, die Zusammenhänge zu erkennen. Zusätzlich werden Sie die Funktion des Nervensystems, das in ganzen Mustern, Aktionsideen und angemessenen Plänen arbeitet, zum Vorteil Ihres Hundes nutzen können. Was wir vom Gang des Hundes wissen und sehen, können wir im Liegen wieder, in etwas anderer Weise, entdecken und dessen Funktion und Organisation wiedererkennen.

Wenn es uns gelingt, die wesentlichen Teile der Funktionen zu aktivieren, haben wir eine gute Voraussetzung dafür, daß der Gesamtplan wieder spielt. Wenn wir uns entschließen, einen verletzten Körperteil nicht anzufassen, wird dieser also als Teil des Ganzen trotzdem seine Arbeit wiedererlangen können. Wir laufen mit dieser Strategie nie in Gefahr, die Art und das Maß der jeweiligen Mitarbeit der Teile zu beeinflussen oder zu bestimmen. Falls Sie sich über bestimmte Zusammenhänge nicht im Klaren sind, versuchen Sie diese zuerst an sich selber zu finden. Seien Sie dann genug kritisch und übertragen Sie nichts auf Ihren Hund, bevor Sie dies nicht durchdacht und tiergerecht angepaßt haben.

Gehen Sie von nun an stets mit diesen Zusammenhängen im Auge bei Ihren Behandlungen vor. Dies wird zur Förderung Ihres Hundes wirklich viel beitragen und sein Wesen ist damit bestens respektiert. Sie nehmen nun wahr, wie wichtig es ist, zusammenzudenken, die Dinge zusammenzubringen, um eher mit den Zusammenhängen beschäftigt zu sein, als mit Einzelaspekten.

Gesamtwesen

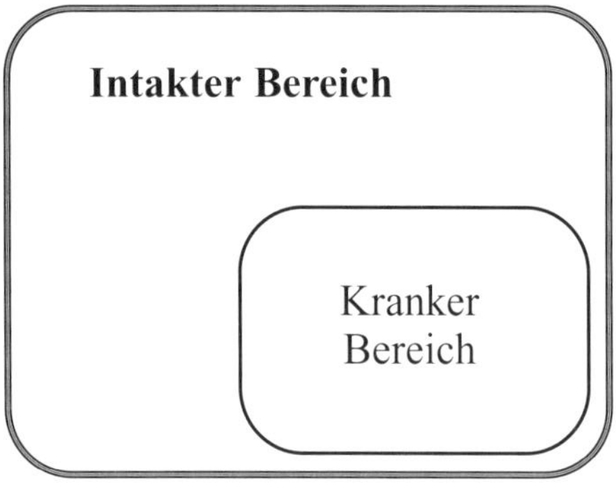

Wir sehen, daß immer der intakte Bereich größer ist als der "kranke" Bereich.

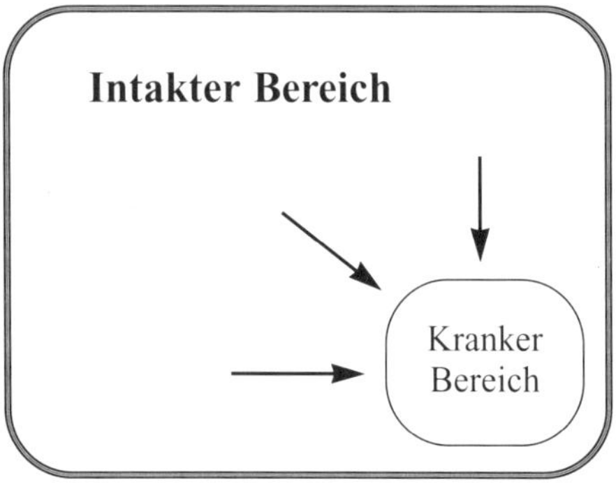

Therapeutischer Ansatz:

Durch "Befassen" mit dem intakten Bereich gewinnt dieser an Dominanz und verdrängt den krankhaften Bereich.

13

Das Behandeln wird wirkungsvoller

Daryl, gelähmt und bissig

Daryl, ein schwerer Mischling, wurde zu mir gebracht, weil sich seine Beißattacken gegen Hunde und Kinder, die ihm zu nahe kamen, häuften. Früher war Daryl ein friedlicher Hund gewesen, doch jetzt, da er zehn Jahre alt war, erkannte man ihn kaum wieder. Niemand wußte was geschehen war. Die Familie, mit der er lebte, wußte nicht, was sie tun sollte. Er erschien so eigenartig verändert. Nachbarn und Tierarzt rieten, den Hund einzuschläfern. Aus lauter Mitleid wurde er zu mir gebracht. Wie einer, der vor dem letzten Richter steht, stellte sich Daryl vor mich. Er stand und saß mit gesenktem Kopf.

Ich war vorsichtig bei meinen ersten Untersuchungen. Ich fand wenig, das mir auffiel. Die hintere Hälfte sah aus, wie wenn die Luft raus wäre. Beim Gehen sah ich, wie wenig Kraft im Becken und in den Oberschenkeln vorhanden war. Er hatte Mühe, nicht umzukippen. All das Wacklige ging weit über die heute oft vorhandene Beckenschwäche hinaus. Ich vermutete, daß er teilweise gelähmt war.

Als er dastand, legte ich meine flache Hand auf sein Kreuzbein, um zu sehen, was los war. Sofort duckte er sich etwas und wurde unsicher. Er wußte wohl kaum, wo sein Gleichgewicht zu finden war und wo er den Schwerpunkt hinverlegen konnte. Trotzdem hatte er sein Gewicht weit nach hinten verlegt. Etliche Stellen am Becken und die Verbindung zur Schulter reagierten überempfindlich. Daryl ging zeitweise wie auf Stelzen und setzte sich bald.

Aus Büchern wußte ich, daß es verschiedene Lähmungsarten gibt. Die gravierendsten sind die, bei denen die Impulse aus dem Tier nicht vollständig, fehlgeleitet oder gar nicht mehr ins Nervensystem gelangen können. An früheren Beispielen habe ich anhand des ausgerenkten Speichengelenks eine weitere Form der Lähmung dargestellt, die reflektorische Hemmung, die soweit gehen kann, daß keine Bewegung mehr möglich ist. Diese Form ist weitaus häufiger, in mehr oder minder ausgeprägter Form, als wir vermuten. Sie trifft alle Wirbeltiere und ist die biologische Antwort auf die Möglichkeit, daß durch Bewegung die verletzten Teile noch mehr lädiert werden könnten. Somit werden alle Muskeln, die im Verletzungsgebiet Unruhe, Zug und Druck erzeugen würden, gehemmt. All jene, die sich zur Ruhigstellung des Verletzungsherds eignen, sind aber gleichzeitig statisch angespannt. Einerseits finden wir öfter starke Verspannungen und zugleich gehemmte, schlaffe Muskeln. Beides läßt Stehen und Gehen nicht mehr ganz zu. Wenn Sie selbst einmal einen starken örtlichen Muskelkater hatten, haben Sie diese reflektorische Lähmung in einer leichten Form erlebt. Es gibt Menschen, denen danach für ein bis zwei Tage öfter mal das Knie einknickt.

Für unser Behandeln ist es unwesentlich, alle Lähmungsarten zu kennen und zu unterscheiden. Wir sollten uns aber bewußt sein, daß stets mehrere dieser Wirkmechanismen vorhanden sind. Diese haben wir deshalb zu unterscheiden, weil einige davon nicht veränderbar sind - wenigstens zur Zeit nicht - und andere - wie die zuletzt beschriebenen reflektorischen Lähmungen - können behoben sein, sobald wir deren Sinn mit dem Hund zusammen entdeckt haben.

An solcherlei Unterscheidungen zu denken, kann unsere Wirksamkeit der Arbeit steigern. Wenigstens ist somit der Gedanke der Hoffnungslosigkeit im Zusammenhang mit Lähmungen sofort aus dem Weg geräumt. Oftmals ist es am Anfang einer Behandlung unsere einzige Aufgabe, die kleinen Lichtblicke der Hoffnung aufzuspüren, um alsdann unseren Arbeitszugang vorerst finden zu können - gleichsam wie wir durch den Leuchtturm den Zugang zum Land erkennen, weisen uns die Schimmer der echten Hoffnung den Zugang zum Hund. Ich habe manchmal Menschen oder Tiere behandelt, die durch Viren gelähmt wurden und bei denen die zusätzlichen reflektorischen Lähmungen den größeren Teil ihrer Bewegungsprobleme ausmachten. Diese wunderten sich, sobald sie ihre verfüg- und schulbaren Möglichkeiten wiederentdeckten.

Auch Daryl's Nervensystem hatte noch verfügbare Möglichkeiten.

Zuerst suchte ich die Richtung seiner Wirbelsäule, in der diese sich kraftfrei belasten ließ, indem ich sein Sitzbein berührte. Er lag da und verhielt sich scheinbar zunächst unbeteiligt. Etwas Vertrauen schien er aber dadurch zu gewinnen. Bald stand er wieder auf und ging eine Weile. Er stellte sich vor mich, als wollte er sagen, daß ich wieder etwas tun solle. Anfangs versuchte ich, Daryl oft mittels Brummtönen zu beruhigen. Ich brummte sehr tiefe Töne. Dies hat meistens gewirkt. Der Kreativität sind keine Grenzen gesetzt. Wir haben auch schon mit Brummen in den Gruppenkursen experimentiert. Es ist erstaunlich, wie sich danach Hunde und Menschen wohl fühlten und wie deren Atmung sich gleichmäßiger verteilte.

Ich stützte nun sein unteres Brustkorbende mit meiner flachen, sanften Hand. Ich versuchte, sein Gleichgewicht zu finden und Daryl mitzuteilen, was ich fühlte. Er hatte die Möglichkeit, seinen Schwerpunkt weiter nach vorn oder nach hinten zu verlagern. Ich spielte etwas damit. Ich brachte sein Gewicht wiederholt sanft auf die Hinterläufe, so, daß beide Hinterpfoten etwa gleichviel Last aufnahmen. Dies war wirkliche Feinarbeit von einigen Millimetern. Er wurde schnell müde, legte sich wieder hin und war sichtlich entspannter.

Ich wechselte meine Lage und berührte seinen Kopf. Er war ziemlich festgehalten. Langsam näherte ich mich seinem Fang, um mit seinen Lefzen zu spielen. Fein und wenig schob ich diese etwas hinauf und hinunter, leicht nach vorn und nach hinten. Daryl schob den Kopf mehrmals in eine andere Lage. Ich ließ ihn gewähren und arbeitete um so sanfter. Mit einem Finger berührte ich sein Zahnfleisch und strich in kreisenden, kleinen Bewegungen darüber.

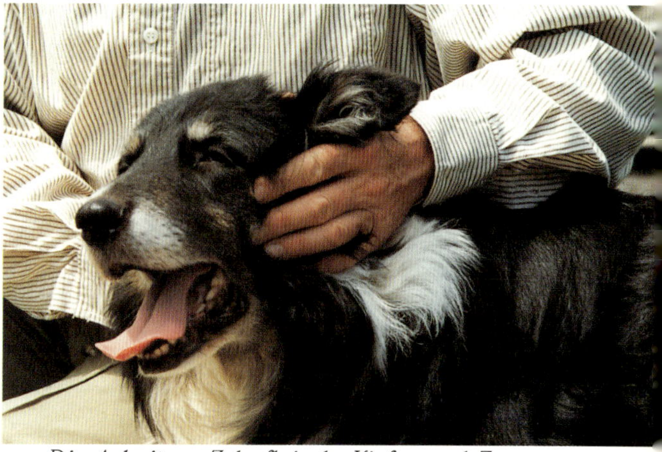

Die Arbeit an Zahnfleisch, Kiefer und Zungenbein ist besonders wirkungsvoll.

E *Machen Sie dies nun mit Ihrem Hund.*

Nähern Sie sich mit Ihrer Hand langsam dem Fang des Hundes. Führen Sie einen Ihrer Finger zwischen den Lefzen durch auf sein Zahnfleisch.

Manchmal geht dies bei der oberen Zahnreihe leichter - vielleicht auch mal auf der unteren. Bleiben Sie mit Ihrem Finger dort. Fangen Sie nun an, kleine, feine Kreise zu machen. Tun Sie dies nur an einer Stelle. Nach einer Weile gehen Sie ein kleines Stücklein weiter - an die nächste Stelle - und später weiter. Der Druck sollte etwa so sein, wie wenn Sie einen Kreis in die Sahne einer Torte malen wollten.

Falls Sie dies mit der Torte versuchen wollen, oder wenn Sie bei sich selber experimentieren möchten, machen Sie dies sehr fein. Die Fingernägel müssen dazu kurz sein. Es empfiehlt sich dies in der Reihenfolge: Zuerst bei der Torte, dann am Menschen und am Schluß am Hund zu tun!

Schauen Sie nun, was mit Ihrem Hund passiert. Beobachten Sie auch, was sich im Verlauf zweier Monate verändert, in denen Sie das Experiment einige Male wiederholen.

- *Haben Sie jede Stelle bekreist?*
- *Haben Sie gefühlt, was dort war?*
- *Sind Sie beim Hund eindringlich vorgegangen?*
- *Haben Sie mit dem Hund einen idealen Dialog geführt?*
- *Haben Sie Ihre eigenen Behandlungsvoraussetzungen wiederholt überprüft?*

Der Fang hat bei Hunden eine besondere Bedeutung. Er ist das Organ der Verteidigung und des Angriffs, der Warnaktivitäten wie Knurren, Zähnefletschen und Bellen, des Jagens und Reißens. Der Fangbereich ist aber auch im Nervensystem am Großräumigsten vertreten und dort enorm vernetzt. Die Verbindungen mit dem Becken stammen aus dem frühesten Welpenalter und entwickeln sich mit der Atemfunktion zusammen als erstes. Dies war auch einer der Gründe, bei Daryl die Funktionen von Kiefer und Fang klarzulegen. Die weiteren Behandlungen umfaßten auch das weiche, sanfte Arbeiten an der Zunge und am Kiefer. Ich hatte viel Sanftheit zu vermitteln und stets abzuwarten, bis die Strukturen wirklich erweichten. Nur so wußte ich, daß sich im Nervensystem einiges arrangierte.

Wir können wirkungsvoller werden, wenn wir diesen Dialog zwischen Hund und Behandler stets wahrnehmen und sanft vorgehen. Die feinsten, bedrohtesten und lebenswichtigsten Bereiche sind im Nervensystem am besten vernetzt und bedürfen besonders unserer Sanftheit. Zwingen Sie Ihren Hund zu nichts.

Es verändert sich nach derartigen Behandlungen mit Feldenkraislektionen Bedeutendes. Manchmal werden Hundebesitzer erst nach Monaten auf die Fortschritte der Hunde aufmerksam. Erst nach drei Monaten fiel Daryls Besitzerin auf, daß er nun für Tiere und Menschen keine Gefahr mehr darstellte. Sie hatte aber nun immer noch die Gewohnheit, den Hund an kurzer Leine zu halten. Hundehalter müssen aufpassen: sobald der Hund sein Verhalten ändert, müssen auch Sie selber Ihre Gewohnheiten ablegen.

Daryl hatte etliche Lektionen. Ich werde nun noch einige Spezialitäten davon hervorheben und präzisieren, damit alle Leser selber experimentieren können.

Gleichzeitig mit dem Heben des Brustkorbs und dem Spiel mit dem Gleichgewicht, wurde Daryl vom Tragen seines Rumpfs entlastet. Er hatte dabei die Gelegenheit, alle Wirbel neu zu ordnen und darin wieder die Ordnung zu entdecken, die ihm ein leichteres und kraftvolleres Einsetzen seiner selbst ermöglichen wird. Die Botschaft war wieder: "Ich tue die Anstrengung für Dich. Du kannst darauf verzichten. So haben Deine Knochen die Gelegenheit, sich neu zu orientieren und einzureihen." Das Nervensystem erhält neue, sensorische Impulse und kann Ruhe und Kraft finden.

Wer den Gang eines Hundes studiert, weiß, daß das kraftvolle Vorwärtsschreiten mit einer leichten Drehung der Hinterläufe in direktem Zusammenhang steht. Fällt dieses Drehen teilweise weg, kommt die Kraft des Hundes nicht zur Entfaltung und kann nicht in die Vorwärtsbewegung umgesetzt werden.

Dies war die Erkenntnis des Hochspringers Dick Fosbury vor 1968, der diese Tatsache geschickt beim Hochsprung nutzte. Ausnahmslos alle Hochspringer haben dann die Technik nachgeahmt und hatten Erfolg damit.

Daryl hatte diese Drehungen wieder zu lernen. Diese sieht am Hinterlauf etwas anders aus als vorne. Hunde gehen auf den Zehen, die Ferse steht etwas nach hinten und oben. Diese Drehung geschieht teilweise indem das Wadenbein um das Schienbein rotiert.

E *Wenn nun Ihr Hund auf der Seite liegt, können Sie am oben liegenden Bein die Ferse etwas anheben. Dadurch entsteht eine Torsion im Unterschenkel. Die Pfote können Sie mit Ihrer anderen Hand in die selbe Richtung drehen. Schauen Sie, wie dies bei Ihrem Hund aussieht. Seine Knochen sind in diesem Bereich ziemlich delikat. Seien Sie also vorsichtig. Sehen Sie, wieviel dies von selbst in beide Richtungen geht. Dreht sich die "Zeigezehe" gegen unten, hebt sich gleichzeitig die Ferse und das Wadenbein dreht sich leicht einwärts. Selbst in Oberschenkeln entsteht so eine diskrete Einwärtsdrehung.*

Ich habe bei Daryl gefühlt, wie sich diese Torsionen spüren lassen und welche Richtung und Qualität das Drehen hat. Mein Blick war auf die Rippen und auf die Bauchdecke gerichtet. Denn ich sah, daß sich dort einiges entwickelte. Die Rippen atmeten voller und an den Wirbeln schien sich etwas zu lösen. Diese waren bei Daryl im Lendenbereich leicht aus der Reihe. Die Atmung entwickelte sich dort bald zum Besseren. Ist einmal die arge Verspannung etwas leichter, läßt der Druck nach und der ganze Beckenbereich mitsamt den Läufen wird friedlicher, ruhiger, lebhafter und gewinnt an Kraft zurück. Hunde, die viel springen oder sich an Agilityprüfungen beteiligen, müssen die Kraft und die Beintorsion eher in Ordnung halten, denn Sie sind dringend darauf angewiesen, die volle Kraft entwickeln zu können. Das Gleiche gilt für Schlittenhunde. Bei ihnen wurde ich erstmals auf den Zusammenhang zwischen der Freiheit der Torsion und der Kraft beziehungsweise Schubentwicklung aufmerksam.

Seit etlichen Jahren experimentiere ich nun mit diesen Zusammenhängen. Dabei ist mir klar geworden, daß auch die allgemeine Wendigkeit eines Hundes - aber auch der Pferde - mit diesen Torsionen eng zusammenhängt. Die Geschwindigkeit, mit der ein Hund den Kopf nach hinten wenden kann, hat mit diesen Zusammenhängen viel zu tun.

Ist nun diese Bewegung zäh geworden, wird der Hund langsamer. Zu seiner Idee gehört nun auch, daß er seine hintere Hälfte nicht mehr genügend verteidigen kann. Er wird schutzlos und fängt an, Ersatzstrategien zu entwickeln, um sich verteidigen zu können. Der Hund wird unsicher und ängstlich. Dies kann dazu führen, daß er angriffs- und verteidigungsbereiter wird. So war es auch bei Daryl. Er hatte gleichzeitig mit seiner Torsionsfähigkeit in den Läufen auch seine Kraft und Sicherheit verloren.

Gewiß erschien bei ihm die Hinterpartie gelähmt. Dies kam durch vielerlei Einflüsse zustande - wie Sie nun sehen. Ich bin froh, daß die Besitzer auf dieses Lahmsein aufmerksam wurden. Dadurch war es einfacher für Daryl, wieder zu einem geregelten Dasein zu finden.

Die Wirkung von Behandlungen hängt eng damit zusammen, was wir über die Funktionsweisen wissen, fühlen und wie wir dies verwenden werden. Sie tun gut daran, stets darauf zu achten, was bei Ihrem Hund während dieser inneren Dialoge wirklich vorgeht. Und drücken Sie mit den Händen das Gleiche aus, das Sie fühlen konnten.

Es ist vorteilhaft, mit dem Hund einige zusätzliche Übungen zu machen, bei denen er ganz auf sich gestellt ist. Dazu empfehle ich eine Wippe zu verwenden. Ihrer Phantasie sind natürlich keine Grenzen gesetzt.

E *Experimentieren Sie selber: Sie brauchen ein langes, etwas breites Brett. Es soll ca. 3 Meter lang und 50 cm breit sein. Legen Sie einen abgerundeten Holzklotz unter dessen Mitte und befestigen Sie diesen gut. Nun haben Sie eine Wippe. Führen Sie den Hund an zwei Leinen mehrmals langsam und ruhig darüber. Achten Sie, daß Ihr Abstand zum Hund möglichst groß ist und lassen Sie die Leinen leicht durchhängen.*

Mit der Zeit halten Sie ihn in der Mitte der Wippe still, damit er mit seinem Gleichgewicht sanft und langsam spielen kann. Korrigieren Sie den Hund nicht unnötig und legen Sie Wert darauf, daß er selber ins Spielen kommt. Auch hierbei verzichten Sie auf Manipulationen. Zwingen Sie den Hund zu nichts, vor allem nicht zum Spielen. Am Anfang wird es leichter gehen, wenn Sie unnötige Störquellen fernhalten. Mit der Zeit bauen Sie Ihre Hilfen von Leinen und Händen völlig ab. Vielleicht können Sie mit der Stimme Ihren Hund über die Hindernisse locken und später ohne diese.

Dieses Experiment trägt zur Steigerung Ihrer Wirksamkeit bei, und fördert Ihren Hund in vielerlei Hinsicht.

- *Der Bereich, worin er mit seinem Schwerpunkt hinagieren kann, wird größer, und der Hund findet ihn schneller. Somit kann der Neutralbereich klarer definiert werden.*
- *Der Hund steigert seine Fähigkeiten, setzt seine Sinnesorgane wieder vermehrt ein.*
- *Er erhält Aufgaben und Lob.*
- *Seine Wendigkeit wird größer und schneller.*

- *Der Hund gewinnt an Selbstsicherheit. Dadurch wird er gelassener und aufmerksamer.*
- *Die Kommunikation wird freier und wirkt sich beim Behandeln in einem guten Dialog aus.*

Experimente mit dem Gleichgewicht.

Ein alter Hund soll nicht mehr lernen, auf großen Bällen zu balancieren. Dies hat ein junger Zirkushund zu lernen. Labyrinthe, Schaukeln, Baumstämme und Ringe eignen sich am Anfang besser für Ihre Experimente.

Daryl lernte über die Wippe zu gehen. Dies war am Anfang nicht leicht. Ich gab ihm wiederholt Hilfen mit meiner Hand. Es waren die gleichen Berührungen, die er schon vom Liegen her kannte. Blitzschnell erinnerte er sich jeweils daran und ließ Ruhe einkehren, um weiter zu arbeiten. Daryl lernte ziemlich schnell und wurde umgänglicher. Ein Teil seiner Lähmungen behielt er bei. Trotzdem konnte Daryl von nun an ein gutes Leben führen.

Viele Hundehalter haben mir erzählt, daß ihre Hunde schon jahrelange Schwierigkeiten hatten, nach den Behandlungen mit Feldenkraislektionen aber erst angefangen hätten zu leben und sich zu glücklichen Hunden entwickelten.

Annähernd drei Jahre später starb Daryl. Als er fast zwölf Jahre alt war, lernte er mit mir zusammen noch über den Rücken zu rollen, was seine Lebensqualität, Sicherheit und Lebendigkeit noch einmal förderte. Niemand hätte dies früher zu glauben gewagt. Ich sah ihn in all den Jahren stetig weniger häufig, aber dachte oft an ihn. Es ist für uns wichtig zu wissen: Lernen ist in jedem Alter sehr gewinnbringend. Lernt ein Wesen das, was ihm zu lernen aufgetragen ist - sei es organisches Lernen - wird die Lebendigkeit wachsen und die Lebensqualität sich verbessern. Niemand weiß, wie lange er oder sein Hund lebt, deshalb ist es wichtig, jetzt das Notwendige zu tun.

Ich habe damals mit einem Pferd gearbeitet, das per Spritze getötet werden sollte. Heute, zehn Jahre später, lebt es noch fröhlich und es hat seine Aufgaben.

Ich arbeitete oft an Daryl's Augen und Ohren, damit er die Lebendigkeit in diesen Sinnesorganen wieder entdecken konnte. Vor allem die Augenmuskeln waren starr geworden. Durch leichte Berührungen versuchte ich deren Funktion wieder zu stimulieren. Bitte tun Sie dies nicht, bevor Sie genau wissen, daß Sie dies zu tun gelernt haben. Anhand einer Beschreibung können Sie es nicht übernehmen. Es braucht sehr feine, sanfte Hände, das Wissen um die möglichen Funktionen und das Gefühl für das Vorliegende.

E *Machen Sie statt dessen die gleichen Kreisbewegungen und sanften Linien in Bereichen neben den Augen. Ziehen Sie auch eine sanfte Linie vom äußeren Augenwinkel bis unweit vor den Gehöreingang und beachten Sie, was beim Hund geschehen wird. Jetzt gleich - und in ein paar Monaten.*

Arbeit an Augen, Ohren und Zungenbein.

Das Wahrnehmen mit den Sinnesorganen geschieht in einer bestimmten Richtung. Die Wahrnehmung wird verzerrt und reduziert, sobald die Orientierung unklar und undefiniert erscheint. Mit sanften und gezielten Stimulationen versuche ich die Orientierung der Sinnesorgane zu finden, um diese dem Hund mitzuteilen.

Hunde, die spezielle Aufgaben haben, sind dringend auf alle soeben besprochenen Funktionen angewiesen. Diese halten sich oft nicht von selbst in bestem Zustand. Zu deren Erhaltung können wir viel beitragen.

Mir ist bewußt, daß ich in diesem Buch, welches vor allem dazu dient, die Feldenkrais'schen Erkenntnisse für Laien zum Anwenden zugänglich zu machen, nicht alle Funktionen, Gedanken, Zusammenhänge und Arbeitsweisen beschreiben kann. Diese Gedankengänge und die Feinheit des Fühlens und Berührens werden mit der Zeit reifen.

Neben unserer Geduld bedarf es vor allem unserer Aufmerksamkeit, um unsere persönliche Entwicklung und unser Lernen zu fördern.

Von Blindenführhunden können wir viel lernen. Ich will nicht auf das Besondere aller Sport- und Nutztiere eingehen. Am Beispiel der Blindenführhunde sehen Sie, inwiefern diese Tiere besondere Beachtung und Betreuung brauchen. Alles bisher Geschriebene gilt auch für diese Hunde und darüber hinaus vieles, was speziell ist.

Blindenführhunde

Ihnen gilt unsere besondere Aufmerksamkeit, Liebe und Zuwendung. Sie erfüllen ihr Leben lang eine wichtige Aufgabe im Dienst der Sehbehinderten. Ihre Beanspruchung ist wesentlich komplexer und größer als wir uns vorstellen können. Sie haben über lange Zeit größte Aufmerksamkeit zu bewahren. Die Aufgaben sind sehr komplex. So sind die Führhunde vorwiegend damit beschäftigt, bestimmte Sinneswahrnehmungen auszufiltern, aufzunehmen und in Form von Bewegung wiederzugeben. Die Führgeschirre sind dabei ihr unnatürliches Hilfsmittel. Atmung und Bewegung sind in dieser Zone meistens leicht behindert. Hunde, die oft Fehlmanipulationen und Mißverständnisse über das Führgeschirr zu erdulden haben, leiden gerade in diesem Bereich.

Bewußte und unerkannte Ängste, Launen, Zwänge, Aggressionen, Ungeduld und seelische Ungleichgewichte der Blinden werden dem Hund teilweise über das Führgeschirr mitgeteilt. Es hat schon vielen Hunden geholfen, daß ein Blinder seinen Hund gut kannte und sich dem Hund in Angstsituationen besonders beruhigend zuwandte, um gezielt von Hand das übermäßige Aufkommen des Schutzes einzudämmen.

Belastungen durch Beziehungskonstellationen und Menschenmengen meistern Führhunde in glänzender Weise. Hier gilt mein Appell den Sehenden, von diesen Hunden in allen Menschenansammlungen genügend Abstand zu nehmen. Ihre Aufgabe wird einfacher sein, und die Hunde mitsamt den Blinden werden von den vorübereilenden Leuten leichter erkannt.

In unserem heutigen Leben kann leider kaum vermieden werden, daß Blindenführhunde durch die vielfältigen Beanspruchungen einiges an Schutz aufbauen. Leider werden diese Schutzmuster oft zur unerkannten Gewohnheit. Dann schränken sie das Wahrnehmungsvermögen ein und können zu Behinderungen führen. Denken wir daran, daß wir mit der Behandlung vieles dazu beitragen können, die Qualität der Leistungen, die uns der Hund ausleiht, auf einem hohen Niveau zu erhalten. Ja, wir können diese sogar verbessern. Das Lernvermögen eines Hundes ist nach der Primärausbildung in der Schule niemals voll ausgeschöpft.

Die Gruppenkurse mit Blinden und ihren Führhunden gestalten sich oft schwierig, sind aber für alle eine sehr gute Erfahrung. Die Aussagen der Teilnehmer sind vielfältig. Aus den Kursberichten entnehme ich etliche Aussagen von Blinden, die darauf verweisen, daß eine engere, präzisere Zusammenarbeit und eine bessere Verständigung mit den Hunden entstanden sind. Über längere Zeit betrachtet sehen alle die Fortschritte in der kommunikativen Arbeit mit den Hunden. Am Anfang wußten die meisten Blinden kaum, wie sie mit ihren Händen den Tieren begegnen könnten. Die Berührungen ähnelten einem hilflosen Umhersuchen. Verlegenheitsaktionen waren häufig. Die Hunde wurden mal da, mal dort angefaßt und halb massiert, halb gestreichelt. Bald aber begannen alle gezielte, nonverbale Dialoge aufzubauen und die Veränderungen zu fühlen. Nicht alle Kursteilnehmer machten ihre Arbeit an den Hunden sehr professionell. Doch was sie nun den Hunden bieten können, ist gut für beide. Die Entwicklung ist äußerst positiv und unbegrenzt.

Im Rahmen dieser Kurse sind schon einige Verdauungsstörungen, Kommunikationsprobleme, Schmerzen und Angstmuster verschwunden. Hunde, die schwerwiegend sozial fast unverträglich sind, können nicht direkt in Gruppen aufgenommen werden. Für sie ist es sinnvoller, vorerst in Einzelarbeit behandelt zu werden.

Hunde leihen den Blinden alle ihre Möglichkeiten. Wir können ihnen einiges davon zurückgeben. Wir sind es ihnen schuldig.

So manche Sehbehinderte hatten ihr Leben lang weder Interesse noch Umgang mit Tieren. Plötzlich sehen sie immer weniger und sind auf einen Führhund angewiesen. Nun stehen sie vor der schweren Aufgabe, über Jahre mit einem Wesen zusammenzuleben und mit ihm in einen intensiven Dialog zu treten. Dieses Zusammensein hat weit über das bloße Nutzen des Hundes hinauszugehen. Oft sehe ich die Einstellung und das Verhalten eines Menschen besser im Umgang mit Tieren als in dem, was er sagt oder Mitmenschen gegenüber zeigt. Die Sprache kann trügen. Die Kooperation sehen wir, während das Paar zusammen geht. Blinde, aber auch Sehende sollten sich die nachfolgenden Fragen öfters stellen.

Diese Zone ist meistens besonders hindernisreich.

Zusammengehen

Im Geleitwort steht geschrieben, daß der Blinde all seine Ausgänge seit 25 Jahren mit seinem Führhund macht. Da werden wahrscheinlich ungeheuer viele Schritte getan. Es lohnt sich deshalb, öfters einige Beobachtungen zu machen.

Haben sie sich schon diese 10 Fragen gestellt?

In welchem Rhythmus gehe ich, und in welchem mein Hund?
Passen die Gehabläufe zusammen?
Übertrage ich unbeabsichtigte Bewegungen über die Leine oder das Führgeschirr?
Nehme ich die Mitteilungen, das Feedback und die Erwiderungen des Hundes auf? (Dialogischer Kreislauf)
Habe ich Ungeduld, Angst, Zweifel,

Unsicherheit und schlechte Gedanken? Übertrage ich dies auf das Tier?
Bin ich im seelischen Gleichgewicht?
Arbeite ich mit dem Hund oder gegen ihn?
Versuche ich Macht über den Hund auszuüben?
Sind meine Botschaften klar?
Nehme ich gerade heute am Innenleben meines Tieres teil - akzeptiere und respektiere ich diese Abläufe?

Blinde sehen oft mehr und besser als wir Sehenden. Sie können die Augen des Herzens und alle ihnen vertrauten Sinne auch gegenüber den Tieren öffnen und schärfen. In meinen Kursen konnte ich sehen, daß manchem Blinden an seinem Hund vieles aufgefallen ist, was ein sehender Tierarzt niemals entdecken konnte.

Oftmals sind die Sehenden weitaus blinder als die Blinden.

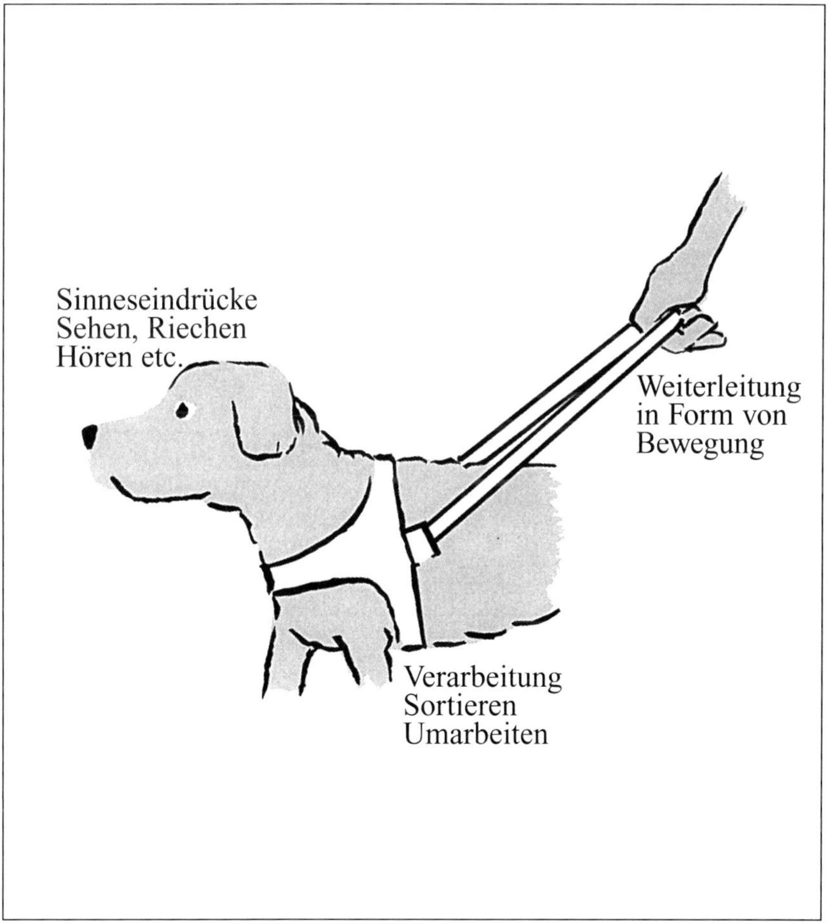

14

Alltägliches Behandeln

Nico hatte Rheuma

Meistens haben wir es mit weniger komplizierten Fällen zu tun. Dies will aber nicht heißen, daß wir oberflächlich werden und aufgrund vorgefaßter Meinungen und Entschlüsse behandeln dürfen.

Als ich das erste mal mit Nico, einem herrlichen Boxerrüden, zu tun hatte, litt er stark unter Schmerzen. Sein Tierarzt diagnostizierte Rheuma. Wie kann sich ein Hund mit dieser Diagnose weiterhelfen, wenn nicht mal Menschen wissen, was dies genau ist und wozu es da ist. Der Tierarzt verordnete, Nico solle das Schwimmen unterlassen. Dabei tat dies Nico am liebsten. Ich sah sein Rheuma nicht, wollte aber trotzdem sehen, wie seine Schmerzen sind und wie er diese aufrecht hielt.

Arbeit mit Nico.

Mir fielen die ausgeprägten Spannungsmuster im Rumpfbereich und im Becken auf. Damit konnte er nicht schmerzfrei ins Auto hinein springen. Er schien aber auch die Tendenz zu haben, die feinsten Strukturen plötzlich schmerzhaft zu blockieren.

Zunächst gab ich ihm zu verstehen, daß es vor allem die Beugemuskeln am Bauch sind, die stark arbeiten. Die Arbeit war etwa so, wie ich sie in den vorhergehenden Kapiteln beschrieben habe. Natürlich mußten sie an die vorliegenden Gegebenheiten angepaßt werden. Ich gehe an jeden Hund heran, als wäre er der erste, mit dem ich arbeite. So habe ich stets die Möglichkeit, das Wesen, das vor mir steht, vorurteilslos in meine Atmosphäre aufzunehmen und Möglichkeiten zu finden, die mir entgehen, wenn ich feste Abläufe applizieren oder nach vorgefaßten Meinungen handeln würde.

Nico hatte vor allem eine ruhige Harmonie zu finden, um einen gewissen Ausgleich seiner Spannungen erreichen zu können. Da er die Tendenz hatte, sich zu verletzen behandelte ich ihn in den verschiedensten Lagen. Ferner war es gut für ihn, das Rollen über den Rücken zu erlernen; damit konnte er seine Verletzungsdisposition etwas verlieren.

Vasco hat die Rute verstaucht

Vasco, ein tiefschwarzer Blindenführhund, schwimmt sehr gerne und hat sich bei seinen Sprüngen ins Wasser, von einer Mauer hinunter, die Rute derart unglücklich auf der Wasseroberfläche aufgeschlagen, daß er sie verstauchte. Der gesamte Bereich war schmerzhaft. Die Stelle zwischen den Hinterbeinen, das Kreuzbein und das Schambein schienen lädiert.

Wir müssen bei solchen Unfällen stets an den ganzen Wirkmechanismus des Traumas denken. Dieser Labrador ist aus großer Höhe bauchvoran ins Wasser geklatscht. Nun waren alle bauchseitigen Flächen schmerzhaft - nicht bloß die Rute. Vasco hinkte ein wenig und dies war - gemessen an seinem Zustand - noch gering.

Ich erzähle diese Geschichte vorwiegend deshalb, damit Sie einen Unfall als Ganzes anschauen lernen. Durch den Aufprall auf dem Wasser werden Kopf und Rute nach oben himmelwärts geschlagen. Dadurch entsteht ein Schleudertrauma mit einer blitzartigen Überdehnung des Rumpfbereichs. Dort entstehen in der Folge auch starke Schutzspannungen. Wo etwas gewaltsam und unfallbedingt gedehnt, überstreckt oder aufgerissen wird, entsteht am meisten Schutz. Dies gilt vor allem für Beugebereiche von Mensch und Tier.

Als Anfügung könnte Ihnen nützlich sein, daß Schleudertraumata bei Menschen stets im Nackenbereich behandelt werden. Gravierender ist aber die ganze Verletzung, das Zerren und Aufreißen in anderen Bereichen. Die Schutzmuster im Rumpfbereich sind in der Folge für das Aufrechterhalten der Schmerzen und Störungen verantwortlich. Dort wäre also zu arbeiten, wenn überhaupt. Alle Hinweise, die ich für Hunde gebe, können auch für Menschen sehr wertvoll sein.

Vasco hat eine phantastische, aufmerksame Halterin, die über die Gesunderhaltung von Hunden viel weiß und für das Erhalten und Fördern der Fähigkeiten ihres Blindenführhundes die Verantwortung übernimmt. Ich habe feststellen können, wenn Menschen, ja eine ganze Kultur, gut zu den Tieren sind, geht es den Menschen gut - oder Menschen, die gut mit sich selber umgehen gelernt haben, haben auch einen guten Umgang mit Tieren. Entstehen trotzdem Probleme, sind diese leichter anzugehen.

Der Hund soll gleichzeitig nie verweichlicht werden. Ich beschreibe während der Behandlungen stets das Vorgehen. Die Erziehung hat aber konkret raffiniert und gewaltfrei zugleich zu sein.

Die Grundbegriffe der Feldenkrais-Methode, so wie sie für Tiere angewendet werden können, haben wir nun erarbeitet, in der Praxis erprobt und uns mit den hintergründigen Gedanken befaßt.

Die Arbeitsweise jedes Einzelnen bedarf aber noch vieler Verfeinerungen. Ich kann Ihnen das "In-sich-gehen" nicht ersparen und auch nicht abnehmen, also ist es jetzt an Ihnen, den Umgang mit Ihrem Hund stets aufs Neue zu überdenken.

Resümee

Wie wir gesehen haben, bedeutet mir die innere Pflege von Tieren wesentlich mehr als die äußere, aber sie ersetzt letztere nicht. Sie kann eine große Hilfe für diese Tiere darstellen. Ich glaube, daß verantwortungsvolle Tierhalter sich mit diesen Gedanken zu befassen haben.

Tiere werden heute mannigfach genutzt. Die Übernutzung geschieht sehr oft unbewußt. Viele Tierliebhaber wenden viel Geld und Zeit für das Training und die Erziehung ihrer Lieblinge auf. Doch wenn etwas nicht so läuft, wie es sollte, wissen sie nicht, was zu tun ist und erwägen, das Tier einzuschläfern. Schade! Hätten sie jetzt von den fundamentalsten Begriffen der inneren Pflege, eines eigentlichen "Innenweltschutzes", mittels der Feldenkrais-Methode einige Kenntnisse, würden sie völlig anders handeln.

Anatomie des Hundes

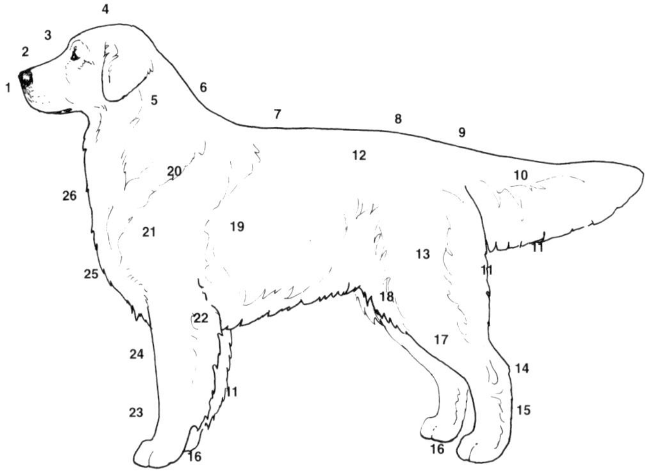

1. Fang
2. Vorderkopf
3. Stop
4. Oberkopf
5. Hals
6. Widerrist
7. Rücken
8. Kruppe
9. Rutenansatz
10. Rute
11. Befederung
12. Lende
13. Oberschenkel
14. Sprunggelenk
15. Hinterer Mittelfuß
16. Pfote
17. Unterschenkel
18. Knie
19. Rippenkorb
20. Schulter
21. Oberarm
22. Ellenbogen
23. Vordermittelfuß
24. Unterarm
25. Vorbrust
26. Halskrause

Sachregister

THE INTERNATIONAL ENCYCLOPAEDIA OF DOGS

Anne Rogers Clark
Andrew H. Brace

KYNOS GROSSER HUNDEFÜHRER

Deutsche Redaktion:
Dr. Dieter Fleig

- **Sie sind ein Hundefan!**
- **Interessieren Sie sich für alle Hunde?**
- **Können Sie 315 Hunderassen voneinander unterscheiden?**
- **Wissen Sie, welche Hunde besonders zu Ihnen passen?**
- **Kennen Sie sich aus in Rassegeschichte, Wesen, Gesundheit, Popularität, Rassemerkmalen und Anpassungsfähigkeit der einzelnen Hunderassen?**

Drei führende Verlage in Deutschland, England und USA haben zwei weltweit anerkannte Rasseexperten beauftragt, diese Fragen für jeden Hundefreund ausführlich, übersichtlich und fachkundig zu beantworten. Hinzu treten Spitzenfotografen aus aller Welt, die 315 Hunderassen so portraitieren, wie sie wirklich sind.

Dieses Buch gehört in die Bibliothek jedes Hundeliebhabers, ein Geschenkbuch für das ganze Leben! Es stellt Ihnen den vierbeinigen Lebenspartner vor, der wirklich zu Ihnen paßt.

ISBN 3-929545-29-2, 496 Seiten Großformat, 450 Farbfotos, **nur** DM 99,80.

KYNOS VERLAG Dr. Dieter Fleig GmbH, Am Remelsbach 30, D-54570-Mürlenbach/Eifel, Telefon 06594-653, Telefax 06594-452

J. M. Evans & Kay White - DOGLOPAEDIA
Das große 1 x 1 der Hundehaltung
Dieses Buch wurde in wenigen Jahren mit sechs Auflagen zum Bestseller auf dem englischen Markt. Seine Autoren stellen die gesamte Vielfalt der Hundehaltung präzise und übersichtlich dar. In einem substanzvollen Buch - vorzüglich gestaltet - erhält der Hundebesitzer ein Nachschlagewerk, das er im Alltagsleben immer wieder zur Hand nehmen wird. Ein wichtiges und sehr empfehlenswertes Buch.
ISBN 3-929545-61-6, 258 Seiten, 77 Bilder und. Illustrationen, DM 42,--

J. M. Evans & Kay White - DIE HÜNDIN
Ein Handbuch zum Verstehen und Betreuen von Hündinnen
Ganz gleich, ob man mit seiner Hündin züchten möchte oder nicht, je mehr man versteht, wie Hündinnen funktionell beschaffen sind, wie sie denken, fühlen und ihren Instinkten folgend handeln, um so mehr Freude hat man an seiner Hündin, um so fröhlicher und gesunder wird sie leben. Das Buch enthält detaillierte Ratschläge hinsichtlich all der Krankheiten, denen Hündinnen unterworfen sind, gibt Ratschläge,was dagegen zu tun ist. Für jeden Hündinnenbesitzer, nicht nur für Züchter.
ISBN 3-929545-78-0, ca. 200 Seiten, erstklassig illustriert, DM 42,--

Carl Gorman - DER ALTERNDE HUND
"Es ist eben ein alter Hund, da kann man nichts machen!" Und ob, wer dieses Buch gelesen hat, dem fällt es wie Schuppen von den Augen, was er bisher alles durch Nichtwissen und Gedankenlosigkeit an seinem alten Hund versäumt hat. Das Alter verliert an Bedrohung - für Tier und Mensch - wenn man es bewußt angeht. Der englische Tierarzt Carl Gorman weist einen Weg, *wie Sie Ihren Hund durch die goldenen Jahre führen können!* Denn die letzten Jahre eines Hundes sind ebenso wichtig wie seine Jugend!
ISBN 3-929545-63-2, 136 Seiten, 6 Farbfotos, reich illustriert, DM 28,--

Tim Hawcroft - ERSTE HILFE FÜR HUNDE
Jahr für Jahr verunglücken tausende von Hunden zuhause und unterwegs. Hunderte bezahlen fehlendes Wissen um ERSTE HILFE mit ihrem Leben. Bei sehr vielen bleiben Langzeitschäden zurück. Bei Unfällen oder plötzlich auftretenden Erkrankungen entscheiden oft Minuten über Leben und Tod, über schnelle Genesung oder lebenslange Schäden. Der australische Fachtierarzt Tim Hawcroft wird Ihr zuverlässiger Ratgeber. Ein vorzüglich geschriebenes und illustriertes Buch. Sie sollten es für Ihren Hund stets zur Hand haben.
ISBN 3-929545-11-X, 96 Seiten, farbig bebildert, DM 28,--

Dick Lane & Neil Ewart - A - Z DER HUNDEKRANKHEITEN
Anzeichen, Diagnose, Ursachen, Behandlung
Dieses Buch gehört in die Hand jedes verantwortungsbewußten Hundehalters. Eine detaillierte Auflistung der einzelnen Krankheiten und Gesundheitsprobleme mit Herausarbeiten der Anzeichen, Ursachen und Behandlung für jede dieser Krankheiten. Illustriert mit aussagekräftigen Spitzenfotos ist dieses ein tierärztliches Buch für den Hundebesitzer, um seinem Hund eine optimale Betreuung und um seinem Tierarzt eine genaue Beschreibung der Krankheitssymptome geben zu können.
ISBN 3-929545-73-X, 286 Seiten, 150 Farbfotos, DM 42,--

Literaturempfehlung

Dr. Roger Mugford - HUNDEERZIEHUNG 2000 - Irrtumsfreies Lernen

Das Erziehungssystem von Dr. Mugford leitete eine Wende in der Hundeerziehung ein. Mit einem Minimum an Zwang wird der Hund unter gezieltem Ausnutzen seines eigenen Verhaltensinventars problemlos in die menschliche Familie und moderne Umwelt integriert. Die Forschungsergebnisse von Dr. Mugford revolutionieren die Hundeerziehung - daher der Buchtitel! Anwendbar für die Familienhunderziehung wie auch für den Leistungssport. Ein **Muß** für jeden Hundehalter!

ISBN 3-929545-89-2, 208 Seiten, 76 Farbfotos, DM 52,--

Andrew De Prisco - DAS GROSSE 1 x 1 DER HUNDEERZIEHUNG

Der Erfolgsautor Andrew De Prisco geht dieses Thema auf ungewöhnliche Weise an, nämlich als Hundebesitzer, der alle Erziehungsprobleme einer Vielzahl von Hunderassen am eigenen Leib erfahren und mit Hilfe von Fachleuten gelöst hat. Er zeigt dem Hundebesitzer, worauf es ankommt, was er selbst falsch gemacht hat. Ein Buch für jeden, der seinen Hund erfolgreich, problemlos und auf Grundlagen der neuen Erkenntnisse der Verhaltensforschung erziehen möchte. Viele Aha-Erlebnisse!

ISBN 3-929545-60-8, 160 Seiten, 179 Farbfotos, DM 39,80

Dr. Roger Mugford - HUNDE AUF DER COUCH Verhaltenstherapie bei Hunden

Was löst bei Hunden Aggressionen aus, wie kann sich der Mensch gegen angreifende Hunde schützen, wie befreit man Hunde von ihren Ängsten? Der weltweit hoch angesehene Verhaltensspezialist Dr. Roger Mugford zeigt an Fallbeispielen exakt, welche Schritte erforderlich sind, um Störungen zu beseitigen. Manchmal ist es Liebe, oft aber ist es auch mehr Härte gegenüber dem eigenen Hund und sich selbst. *Für jeden Hundehalter, der dazu lernen möchte, ist dieses Buch unverzichtbar!* (Dr. Dorit Feddersen-Petersen)

ISBN 3-924008-75-2, 208 Seiten, 61 Farbfotos, DM 49,80

John Fisher u. a. - VERHALTENSSTÖRUNGEN BEI HUND UND KATZE

Dieses Buch ist ein Buch über den Menschen. Wir lieben unsere Vierbeiner, sie bereichern unser Leben, aber verstehen wir sie? Alljährlich werden tausende körperlich gesunde Hunde und Katzen aufgrund schwerer seelischer Schäden eingeschläfert. *Dieses Buch ist eine Anklage gegen uns Menschen, es ist eine Hoffnung, wenn es gelesen und beachtet wird!* Es könnte hunderttausende von Partnerschaften von Mensch und Tier heilen, denn es vermittelt die Gesetze harmonischen Zusammenlebens von Mensch und Tier.

Verstörte Katze, gestörter Hund - immer ist der Mensch der Grund!

ISBN 3-929545-09-8, 176 Seiten, erstklassig illustriert, DM 46,--

KYNOS VERLAG Dr. Dieter Fleig GmbH, Am Remelsbach 30, D-54570-Mürlenbach/Eifel, Telefon 06594-653, Telefax 06594-452